역 촌 易村

도 덕 경

－백서노자 갑을본－

지 샘

역촌 易村

도덕경

－백서노자 갑을본－

이천교 註解

지샘

"길은 길에 적합해야 하고 길은 변하는 것이다. 이름은 이름에 적합해야 하고 이름은 변하는 것이다."라고 한다면 무슨 뚱딴지같은 소리냐고 할지도 모른다. 왜냐하면 "도는 말할 수 있으면 그것은 참된 도가 아니다. 이름은 이름을 붙일 수 있으면 그것은 참된 이름이 아니다."로 머리 속에 각인되어 있기 때문일 것이다. 어느 것이 진실인지는 필자 역시 모른다. 다만 '설명할 수 없는 도를 어떻게 설명할 수 있다는 말인가'라는 회의懷疑는 누구나 갖는 심정일 것이다.

이러한 회의 속에서 '백서노자갑을본'을 새롭게 해석하기 시작하였다. 먼저 문자를 해석하고 이것이 사리에 맞는지를 따져보며 해석하였다. 그러기에 어설프고 잘못된 해석이 즐비할지도 모른다. 그러나 고슴도치도 제 새끼는 귀여운 법, 필자 역시 이 해석을 사랑하고 있다.

필자는 필자의 주장을 사랑하지만, 터무니없이 주장하고 싶지는 않다. 필자가 생각한 것 중에서 무엇이 잘못이고 무엇이 가치가 있는지를 심판 받고 싶을 뿐이다. 필자는 이 책에서 말하고 있듯이 '허상을 버리고 실질을 얻고' 싶은 것이다.

최소한 1,800여년 동안 하상공본이나 왕필본의 주석을 좇아서 도덕경의 의미를 추구해온 현실에서 이 이단적인 해석은 배신행위일지도 모른다. 그러나 이 배신행위에는 또 다른 의미가 숨어 있을지도 모른다. 그 의미란 바로 '왜곡을 바로잡는 하나의 계기'가 될 것이라는 착각이다. 그것도 아니면 미치광이의 헛소리일 것이다. 이렇듯 위험한 생각을 하는 이유는 진정으로 진리를 사랑하기 때문이다. 아마도 이 해석은 하나의 미완성이 될지도 모른다.

이 책이 세상에 나오도록 물심양면으로 성원해 주신 한동휘 변호사님, 朋友 정종국님, 윤화욱 선생, 知己 신석구님, 知己 박영록님, 염경춘 선생, 조한빈 선생, 김경연 선생께 진심으로 감사를 드린다.

2004. 2. 15

영주시 부석면 남대리에서 별을 헤아리며

삼가 쓰다

德 덕 경 / 205

▶ 갑본: 백서도덕경 중에서 앞선 시대에 쓰인 도덕경.

▶ 을본: 백서도덕경 중에서 갑본보다 뒤에 쓰인 도덕경.

▶ 죽간본: 장자 시대와 동일한 시기의 대나무에 쓰인 도덕경.
　　　甲本, 乙本, 丙本이 있음. 죽간본은 통행본이나 백서
　　　본의 2/5밖에 되지 않으며 내용이 동일한 각 장에 삽
　　　입.

▶ 왕본: 왕필본.

(숫자): 백서본의 순서.
〈 〉: 백서본의 지워진 부분 표시.
( ): 통행본과 비교하여 백서본에 없는 글자 표시.
〈譯文〉: 백서노자교석의 해석

老子道德經

《노자(老子)》 또는 《도덕경(道德經)》이라고도 한다. 약 5,000
여자, 상하 2편으로 구성되어 있다. 성립연대에 관해서는 이설異說이
분분하나, 그 사상·문체·용어의 통일되지 않은 점으로 미루어 한 사
람 또는 한 시대의 작품이라고 보기는 어렵다고 한다.

서기전 4세기부터 한초漢初에 이르기까지의 도가사상의 집적集積
으로 보이는데, 선진시대先秦時代에 원본의 노자가 있었던 모양이나,
현행본의 성립은 한초漢初로 보는 것이 통설이다. 그 후 남북조시대
南北朝時代에 상편 37장, 하편 44장, 합계 81장으로 정착되어 오늘날
에 이른다.

다음은 통행본이 말하고 있는 도덕경을 요약한 것이다.

『노자 사상의 특색은 형이상적形而上的인 도道의 존재를 설파하는 데 있
다. '무위無爲함은 무위가 아니다'라는 도가의 근본교의, 겸퇴謙退의 실

제적 교훈, 포화적飽和的 자연관조 등 도가사상의 강령이 거의 담겨 있어 후세에 끼친 영향이 크다. 《노자》는 흔히 말하는 도道가 일면적·상대적인 도에 불과함을 논파하고, 항구 불변적이고 절대적인 새로운 도를 제창한다.

그가 말하는 도는 천지天地보다도 앞서고, 만물을 생성하는 근원적 존재이며, 천지간의 모든 현상의 배후에서 이를 성립시키는 이법理法이다. 다시 말하면, 대자연의 영위營爲를 지탱하게 하는 것이 도이며, 그 도의 작용을 덕德이라 하였다.

도를 본으로 하여 무위함에서 대성을 기대할 수 있다고 설파하며, 이 점에서 형이상의 도와 실천적인 가르침이 관련된다. 무위의 술術이란 구체적으로는 유약·겸손의 가르침이 되고, 무지·무욕의 권장이 되기도 한다. 그리고 상징으로서는 물(水)·영아嬰兒·여성에의 예찬이다. 유가가 말하는 인의예악仁義礼楽이나 번잡한 법제금령法制禁令은 말세의 것으로 배척하고, 태고太古의 소박한 세상을 이상으로 삼는다.』

　필자가 보기에 도덕경은 순수한 정치사상이었는데, 시대적 배경이 혼란했던 전국시대에 현실도피의 수단으로, 대륙문화(周문화)와 변방·해안문화(燕, 齊, 楚문화)의 융합이 가져온 상대적인 축으로 발전하면서 도가에서 도교의 종교로 승화된 것 같다. 장자로부터 도는 우주를 설파하는 계기가 되었으며 天·道·太極이 중국사상의 근간을 이루는 축이 되었다고 한다.

帛書老子道德經

백/서/노/자/도/덕/경 帛書老子道德經

—마왕퇴의 귀부인(岳南 著) 중에서—

　백서노자의 두 종류 사본은 모두 먹으로 비단 위에 쓰여졌다. 한 권은 예서 필법을 지닌 '소전체'였으며 이것을 '갑본'이라고 하고, 다른 한 권은 '예서'였으며 이것을 '을본'이라고 한다.

　'갑본'의 비단은 많이 파손되어 문자도 많이 빠져 있었고, '을본'의 비단은 대체로 완전해서 문자도 대부분 분명했다. 이 작은 문체의 차이로부터 '갑본'이 '을본'보다 쓰여진 연대가 앞선다고 추론하는 것이다.

　진나라가 문자를 통일한 뒤, '소전체'를 사회에서 통용하는 문자로 규정했다. 그러나 관리들이 부역과 송사 등의 사무를 처리할 때는 '예서'를 사용했다(한서의 예문지 및 허신의 설문서). 글자체의 변화는 자연히 번잡한 것을 버리고 간편하고 쉬운 것을 취하게 되었다. 따라서 초기에는 '예서'가 성행하고 '소전체'는 점차 없어지는데, 기록한 사람도 자연히 '예서'를 사용하고 '소전'을 사용하지 않았던 것이다.

이번에 출토된 노자의 '갑본'은 '소전'이었고 '을본'은 '예서'였는데, 이것이 바로 '갑본'이 먼저 나왔고 '을본'이 나중에 나왔다고 간주하는 근거가 되는 것이다. 그러나 이 두 가지는 단지 일반적인 상황에서 말하는 것이다. 3호묘 발굴 당시의 상황을 보면 '을본'은 '칠렴' 안에 있었고 '갑본'은 나무판자 위에 있었기 때문에, '갑본'이 많이 파손된 것은 당연하므로 이것으로 시기를 추정하는 것은 어려운 일이었다.

또 한나라 초기에는 '소전체'를 쓸 수 있는 사람들이 있었기 때문에 '갑본'이 특별히 '소전'으로 쓰여진 것은 아닐까 하는 의문이 있었다. 그러나 유력한 증거가 하나 있었다. 이것은 바로 쓴 사람이 한나라 황제의 이름을 쓰지 않았다는 점이다. '갑본'에는 분명하게 변별할 수 있는 '방邦'자가 22개가 있는데, 한나라 고조의 이름이 바로 유방이다. 당시의 규정에 의하면 황제의 이름은 생전은 물론 사후에도 모두 저작에 쓸 수 없게 되어 있었다.

3호묘에서 출토된 목간의 기록에 의하면 무덤의 주인은 한나라 문제 12년, 즉 기원전 168년에 매장되었다. '갑본'의 노자도덕경은 유방이 황제가 되기 이전, 즉 기원전 206년 이전에 쓰여진 것이 확실하였다.

백서노자도덕경의 '을본'은 이미 '방邦'자를 '국國'자로 대신하였는데, 이것은 이 책이 기원전 206년 이후에 쓰여진 것을 뜻하는 것이다. 그러나 책에서는 '영盈'자와 '항恒'자가 보이는 것으로 보아 기원전 206년에서 기원전 187년 사이에 지어진 것이었다. 왜냐하면 바로 혜제와 문제의 이름이 '盈'과 '恒'이기 때문에 '을본'의 쓰여진 연대를 위와 같이 잡는 것이다. 그러므로 '을본'은 '갑본'의 제작 연대보다 확실하게 늦다고 추론할 수 있는 것이다.

노자는 낯설지 않다. 사기의 기록에 의하면 노자는 성이 이씨이고 자는 담耼이라고 하였다. 춘추 시대 초나라의 고현 여향 곡인리 사람으로 공자보다 조금 일찍 태어났다. 그는 주나라 정부 수장실守藏室의 사관이었는데, 이 직위는 지금의 국가도서관 관장에 해당한다. 공자가 주나라 수도인 낙양으로 가서 그에게 예禮에 대해 가르침을 청한 적이 있었다. 그는 공자에게 말했다.

"훌륭한 상인은 재물을 깊이 감추어 놓고 겉으로 보기에는 마치 텅 비어 아무 것도 갖고 있지 않은 것처럼 하고, 수양이 잘 된 군자는 안으로 도와 덕을 감추어 놓고 겉으로는 마치 어리석고 둔한 것처럼 하는 것이니 그대는 오만과 탐욕을 버리시오. 오만과 탐욕은 그대에게 아무런 이익이 되지 않는 것이오."

노자는 주나라 정부에서 오랫동안 머물다가 주나라 왕실이 날로 쇠약해져 가는 것을 보고 주나라를 떠나 서쪽으로 갔다. 승곡관丞谷關(일설은 함곡관)을 나서려고 할 때 관문을 지키던 군인(일설은 함곡관령 윤희)이 그에게 말했다. "당신은 평소에 글을 남기지 않았습니다. 이제 곧 은거하려고 하시니 억지로라도 저에게 책 한 권을 써 주십시오." 이에 노자는 책 한 권을 썼는데, 상, 하편으로 나뉘어 있었고 내용은 모두 道와 德을 담론한 것으로 모두 오천여 자였다. 그리고 후대에 "노자" 혹은 "도덕경"이라고 불리었다. 책을 다 쓰고 관문을 나서서 서쪽으로 간 뒤, 그의 거처를 아는 사람은 한 사람도 없었다. 그는 대략 160여세까지 살았으며 어떤 사람은 200여세까지 살았다고도 말하는데, 이는 그가 도를 닦았고 양생에 뛰어났다는 얘기와 관계가 있다.

공자가 죽은 뒤 129년에 주나라 정부에 담儋이라는 태사가 국경을 넘어 진秦나라 헌공을 만났다. 이 때문에 어떤 사람은 태사 담이 바로 노자라고 하고 어떤 사람은 아니라고 하는데, 세상 사람들은 어느 주장이 맞는지 알지 못하였다. 이것이 바로 사마천이 노자에 대해 기록해 놓은 대체적인 경과이다.

후대의 연구자들은 사마천이 앞에서 말한 기록이 기본적으로 믿을 만하다고 생각했다. 그러나 완전히 다 믿을 수는 없다. 사마천은 회의적으로 다음과 같이 말했다.

"어떤 사람이 말하기를 노래자老萊子 역시 초나라 사람으로 저서 15편이 있는데 내용이 도가의 범주에 속하며 공자와 같은 시대라고 한다. 대략 노자는 160여세까지 살았다고 하고 또 200여세까지 살았다고도 하는데, 이것은 도를 닦고 양생에 힘쓴 덕분이다. 공자가 죽은 지 129년 뒤에 주나라 태사 담이 진나라의 헌공을 알현하였는데, 어떤 사람은 담이 노자라 하기도 하고 어떤 사람은 아니라고 한다. 세상 사람들은 그것이 맞는지 아닌지 몰랐다."

이 기록으로부터 당시 사람들이 초나라의 노담, 노래자, 태사 담 세 사람이 도대체 같은 사람인지 아닌지를 분명히 알지 못하고 있는 것을 알 수 있다. 노자의 신분이 이렇게 혼돈스럽고 확실하지 않았기 때문에 그의 존재 여부는 문제가 되었으며 그가 도덕경을 지었는지 아닌지도 역시 문제가 되었다. 이 때문에 노자에 대해 어떤 사람은 태사 담의 저작이라고 하고, 어떤 사람은 장자의 제자가 지어서 노자의 이름에 의탁한 것이라고도 하며, 어떤 사람은 여불위의 문객이 지은 것이라고도 하고, 또 어떤 사람은 한나라 때 사람이 이것저것 모아서 만든 것이라도 했다. 이렇게 여러 가지로 설이 분분해서 하나로 절충할 수 없었다.

이런 여러 설 가운데에 많은 연구자들은 사마천의 견해가 가장 믿을 만하다고 여겼다. 왜냐하면 그 중 어떤 말들은 분명히 노자의 입에서 나온 것이며, 장자 이후의 사람들에게서 나온 것이 아니기 때문이다. 예를 들면 "도는 비어 있는 듯 하더라도 가득하며 아무리 사용해도 마르지 않는다. 그윽하도다. 만물의 으뜸 같도다. ······ 나는 그가 누구의 아들인지 모르네. 상제보다도 앞서는 것 같네."(4장)와 "나는 그 이름을 알지 못해 그것을 글자로 나타내어 길이라 하고 억지로 그것을 이름 지어 크다고 하네."(25) 등등이 모두 이를 증명하는 것이다.

만약 전국 시대의 도가 학설을 자세히 연구해 본다면 열자가 허虛를 귀중히 여긴 것은 노자의 유柔를 귀중히 여긴 사상의 변화이고, 양주楊朱가 나를 위한 것은 노자의 무위철학의 발전이며, 장자의 광달曠達은 노자의 자연주의를 개척한 것임을 알 수가 있다. 제가의 학설은 "그 근본이 노자의 말에 귀속되는 것이니" 도덕경이 제가 학설의 요람인 것은 의심할 여지가 없는 것이다(사기의 장자전).

물론 노자의 책에도 후대 사람의 문장이 섞여 들어간 부분이 있다. 예를 들면 26장의 "만승의 군주"나 책 전체에서 자주 보이는 "후왕侯王" 등의 단어는 확실히 모두 전국 시대에 생긴 말이어서 춘추시대 말기에는 없는 것이었다.

주석을 가할 때 섞여 들어간 것도 있는데, 예를 들면 31장의 "부관은 왼쪽에 자리 잡고 상장군은 오른쪽에 자리 잡는다. 이것은 상례로써 전쟁에 처하는 것이다." 등의 문장 속에 쓰인 '언늘'은 확실한 주석이다. 그러나 이런 문장들은 결코 많지 않다. 따라서 대부분의 연구자들은 이 책의 저자는 노자이며 아주 일부분만이 후인이 지었거나, 주석을 가할 때 섞여 들어간 것이라고 생각한다.

사람들은 일반적으로 통용되는 노자의 책이 모두 상, 하편으로 나뉘어 있는 것을 보았다. 상편의 첫 구절은 "도는 도에 적합해야 하나 영구한 도는 아니다."이고 하편의 첫 구절은 "상덕은 덕이 있는 체 하지 아니하므로 덕이 있다."이다. 이 때문에 후대 사람들은 상편의 道자와 하편의 德자를 합쳐서 도덕경이라 부르게 된 것이다.

이 도덕경은 겨우 오천여 자에 불과하지만 독특하고 심오한 사상과 극히 풍부한 깨우침을 주는 인생 체험, 그리고 정련精鍊되어 있고 시의詩意로 충만한 언어로 노자의 우주관과 인생관 및 사회정치관을 밝히고 있다. 도를 중심 개념에 놓고 우주의 기원, 세계의 존재 방식, 사물 발전의 규율, 인류 사회의 갖가지 모순과 해결 방식 등에 대해 밝히고 있다. 그리고 전체가 변증법적 논리력과 심오하고 미묘한 시적 의미로 충만해 있다. 오랜 세월 동안 사람들은 커다란 열정과 흥미를 가지고 이 저작에 해독과 해설을 가했으며, 아울러 수많은 뛰어난 주석을 남겼다.

한비자의 해로편과 유로편은 가장 이른 노자의 주석이다.

그 뒤 도덕경에 대한 주석과 해설이 벌떼처럼 쏟아져 나와서 이천여 년 동안 볼 수 있는 것이 백여 가지가 넘는다. 한서의 예문지에는 '노자린씨경전' 4편, '노자부씨경설' 37편, '노자서씨경설' 6편, 유향의 '설노자' 등의 기록이 있다. 이렇듯 한나라 때에 도덕경은 이

미 여러 종류의 전본이 있었던 것이다.

전체적으로 볼 때 도덕경의 전본은 두 계통으로 나눌 수 있다. 하나는 왕필본을 대표로 하는 문인 계통(부혁, 소철, 육희성, 오징 등의 전본)으로 그 특징은 문장이 명쾌하고 매끄럽고 조사를 줄이지 않아 자수가 오천 자를 넘는다.

다른 하나는 하상공본을 대표로 하는 민간 계통(엄존, 경룡비, 수주비, 돈황본 등의 전본)으로 그 특징은 문장이 간략하고 어조사를 삭제해서 자수가 오천 자 정도이다.

왕필본 계통은 學(道家)에 치우쳤고, 하상공본은 教(道教)에 편중했다. 하상공본 계통의 '감자(減字: 어기조사를 없앤 것)와 고자(古字: 예를 들면 無를 无로, 芸을 云으로 쓴 것)는 도道와 속俗의 구별을 특징적으로 드러내는 것이다. 이 때문에 만일 도덕경을 도교의 경전으로 간주해서 해석하려고 한다면 마땅히 하상공본 계통 중의 한 전본을 취해 저본底本으로 삼아야 마땅할 것이다. 단지 그가 전설적인 인물로서 일찍이 한나라 문제가 그에게 벼슬을 주었으나 거절하고 문제에게 노자의 주석을 지어 주었다는 것만을 알 뿐이다.

그러나 그의 주석본은 한서의 예문지에 실려 있지 않았다. 그리하여 후대의 연구자들은 그 주석본이 다른 사람이 그의 이름에 의탁한 위작일 가능성이 있다고 의심하기도 했다. 만약 위작이라면 하상공본의 저작 연대는 동한보다 이르지는 않으며 왕필의 주석본과 거의 같은 시기, 즉 위진 시기일 가능성이 크다. 이 문제에 대해 역대 주석가와 학자들은 천여 년에 걸쳐 논쟁을 벌여 왔다. 그러다가 마왕퇴 3호묘의 백서노자갑을본이 출토된 후에야 비로소 그것이 이미 알고 있는 어떠한 노자의 판본보다 4세기가 이르다는 것을 발견하게 되었다. 이렇게 되자 하상공본과 왕필본 중 누가 더 이른가 하는 논쟁이 더 이상 예전처럼 중요하지 않았다.

그런데 연구자들이 이상하게 느끼는 것은 마왕퇴 3호묘에서 출토된 백서노자갑을본이 모두 덕경이 앞에 있고 도경이 뒤에 있어서, 덕경이 상편이고 도경이 하편이라는 것이다. 이런 순서는 노자 원본의 순서인지 아닌지에 대해 논쟁하였다. 그리고 어떤 연구자는 선진 先秦 시기 옛 서적의 관련 기록을 보아 노자의 전본은 전국 시기에 이미 두 가지 종류가 있었을 것이라고 생각하기도 하였다.

하나는 도경이 앞에 있고 덕경이 뒤에 있는 것으로 이것은 당연히 도가의 전본이다. 이런 전본은 도덕을 논술하면서 언제나 도를 으뜸으로 놓고 덕을 두 번째에 놓는다. 장자도 도덕을 논술하면서 도를 첫 번째에 놓고 덕을 두 번째에 놓았다.

다른 하나는 덕경이 앞에 있고 도경이 뒤에 있는 것으로 이것은 당연히 법가의 전본이다. 한비자의 해로편에서 가장 먼저 덕경 제1장을 해설하고, 도덕 제1장을 해설한 글을 전편의 뒷부분에 놓은 것이 바로 그것의 명확한 증거이다. 대략 도가와 법가의 양가는 노자에 대해 저마다 중요시하는 부분이 있다. 노자의 상편에는 도를 말하는 부분이 많아서 후대 사람들이 도경이라 불렀으며, 하편에는 덕을 말하는 부분이 많아서 후대 사람들이 덕경이라 불렀다. 마왕퇴 한나라 무덤에서 출토된 노자의 편차로 보면 이는 법가의 전본에 속할 가능성이 크다.

도가와 도교의 전통에는 현대 세계에 매우 유익한 내용이 담겨 있지만 이 내용의 유효성을 진정으로 인식하고 의식적으로 흡수해 이용하고 발휘하는 사람은 그다지 많지 않다. 그 원인이 비록 여러

분야에 걸쳐 있지만 도교 경서에 대한 해석의 어려움이 아마도 가장 근본적인 문제일 것이다.

일찍이 백여년 전에 엄복은 천연론 번역판 자서에서 '고서를 읽는 것은 어렵다!'라고 한탄한 적이 있다. 그는 그 원인을 세 가지 측면으로 종합하였다.

첫째는 '시간이 오래 되어 간독簡牘이 잘못 전해지게 된 것'으로 문자의 착오와 빠진 것이 비교적 많다.
둘째는 '발음이 시대에 따라 변화해 서로 통하고 빌려 쓸 수 있는 글자를 판명하기 어렵게 된 것'으로 발음과 의미의 변화가 비교적 크다.
셋째는 '풍속이 일정하지 않아서 시사時事 역시 들쭉날쭉해진 것'으로 사회 환경의 변화가 비교적 크다.

중요한 전적이 비록 역대 주석가들이 부단히 애를 썼음에도 불구하고 여전히 고인이 가르쳐 준 학문의 뜻보다 가면 갈수록 모호해지는 것을 면치 못하고 있다.

도경 연구의 어려운 점은 두 가지로 늘어나는데, 그것은 바로 그것의 잡다성과 전파 방식의 신비성이다. 당시 '온 세상에 두루 통달했다', '학문이 유불도 삼교를 초월했다'는 호적도 불경을 공부한 뒤, 큰 마음을 먹고 도장을 공부했지만 결과는 벽에 부딪쳐 원점으로 돌아왔다. 호적은 가슴 속 가득히 의혹을 품고서 도가 경전에 대해 '대부분 알 듯 모를 듯한 허튼 소리'라고 불평하고는 그것을 이해하지 못했던 것이다.

특별히 지적해 둘 만한 가치가 있는 것은 마왕퇴 3호묘에서 출토된 노자의 을본 앞에서 연구자들은 경법, 십대경, 칭, 도원 등 고대의 일서 4편을 발견한 것이다. 이 4편의 일서와 노자의 을본은 한폭의 비단에 같이 쓰여졌는데, 모두 175행 11,164자였다. 몇 편에서 소수의 글자가 빠진 것을 제외하고는 대부분 꽤 완전하게 보존되었으나 전체적인 이름이 없었다. 1974년 8월 28일 문물 편집부는 백서 정리에 참가한 일부 전문가들을 초청해서 관련 내용에 대해 좌담회를 열었다. 이번 좌담회에서 고궁박물원 역사학자 당란은 이 4편의 일서는 바로 한서 예문지에서 도가서라고 열거되어 있는 이천여전에 없어진 황제사경이라고 최초로 단언했다. 그것은 기원전 4세기에 책으로 엮였다. 이 4편의 고대 일서의 내용을 보면 다음과 같다.

제1편 경법이 말하는 것은 법으로서 노자에서는 말하고 있지 않은 것이다.

제2편 십대경은 주로 병兵에 대해 말하고 있으며, 황제가 치우를 사로잡은 고사를 말하고 있다. 노자는 싸우지 말 것을 주장했는데, 여기서 말하고 있는 것은 도리어 싸우지 않으면 성공할 수 없다는 것이다.

제3편 칭은 경중을 측량하는 저울을 말하고 있다.

제4편 도원은 도의 근원을 말하고 있는데 체계적이다.

비록 당란의 이 추론에 많은 학자들이 회의를 보였지만 출토된 재료, 증거와 나중의 연구 성과로 보면 당란의 결론이 가장 믿을 만하였다.

한나라 문제 때는 황로를 매우 숭상했기 때문에 황제사경과 노자 2편을 모두 한 권에 적은 것이었다. 이것이 바로 황로의 저작, 즉 황제와 노자의 저작으로 도가의 철학 유파 중 유명한 학파였다. 더욱이 문제 때는 이미 전국에서 가장 중요한 철학 학파가 되었을 뿐만 아니라 당시 중앙에서 전국으로 보급하던 철학이었다. 유감스러운 것은 오랜 기간 동안 노자를 제외하고 황제의 책이 한 권도 남아 있지 않았다는 것이다. 이 때문에 후대에는 노학만을 알 뿐 황학은 모를 뿐만 아니라 이천여 년 동안 황학의 존재가 있는지에 대해 회의를 표해 왔다.

마왕퇴 한나라 무덤에서 출토된 4종은 이미 실전된 황제서로서 중국 고대 철학사상의 중대한 발견이면서, 철학사상의 오래 된 수수께끼를 풀어 주었다. 순황은 비십이자편에서 자사와 맹자의 오행설을 맹렬하게 비판했다. 그러나 무엇이 자사와 맹자의 오행설인지는 자사와 맹자의 원서가 일찍이 흩어져 사라졌기 때문에 후대 사람들이 분명하게 알 수 없었으며, 이것은 철학사상의 오래 된 수수께끼가 되었다. 어떤 학자들은 백서노자갑본 뒤에 있는 4편의 일서를 연구하다 자사와 맹자의 오행설과 관련이 있는 저작을 발견하였다.

일찍이 1700여년 전의 서진 함녕 5년(기원 279년)에 하남 급현의 한 무덤에서 죽간 10여만 자가 출토되어 순식간에 온 나라를 진동시켰으나 이후에 거의 모두 흩어져 없어 졌다. 또한 청나라 말기 중국 서북 지구에서 출토된 한나라와 진나라 시기의 목간 및 돈황 장서는 대부분 제국주의자들이 약탈해 갔다. 이런 이유로 마왕퇴 한나라 무덤 백서의 출토는 정말로 귀중하고 중요한 것이다. 노자본의 발견은 전국 시기에서 한나라 초기에 이르는 법가 사상의 변화, 발전을 연구하고 당시 통치 계급이 황로의 학을 숭상하는 계급적인 문제 등을 연구하는데 매우 중요한 참고 가치가 있는 것이다.

道經

치도治道는
치도로써 적합해야 하나
치도는 변하는 것이다

길은 길로써 적합해야 하나 길은 변하고 이름은 이름으로써 적합해야 하나 이름 역시 변하듯이 세상은 만물 각자에게 적절한 법칙이 있는 것이다. 그러나 이 역시 상황이나 시대에 따라서 변화하는 것이다. 나라는, 통솔하는 임금(無名)과 관리하는 신하(有名)로 구성되어 있는데, 예를 들면 무명은 한 가정의 남편과 같고 유명은 한 가정의 아내와 같은 것이다. 그러므로 임금은 위엄(無爲)으로써 다스리는 것이 그 선정善政이고 신하는 사랑(有爲)으로써 다스리는 것이 그 소도小道이다. 임금과 신하는, 비록 그 각자의 책임이 다르더라도 정치의 주체로서 하나이기 때문에 나라를 부흥케 하는 열쇠이며 부부처럼 서로가 화협和協하는 것이 정치의 주된 관건이다.

道, 可道也, 非恒道也. 名, 可名也, 非恒名也.

道, 可道也, 〈非恒道也. 名, 可名也, 非〉恒名也.

길은 길에 적합해야 하나 영구한 길이 아니고, 이름은 이름에
적합해야 하나 영구한 이름이 아니다.

无名, 萬物之始也; 有名, 萬物之母也. 〈故〉恒无欲也,
以觀其眇; 恒有欲也, 以觀其所噭.

无名, 萬物之始也; 有名, 萬物之母也. 故恒无欲也,
〈以觀其眇〉; 恒又欲也, 以觀其所噭.

무명은 만물의 시작이고 유명은 만물의 어머니이다. 그러므로
늘 하고자 하지 않으면 이로써 그 착함을 얻고, 늘 하고자 하면
이로써 그 소도小道를 얻는다.

兩者同出, 異名同胃, 玄之有玄, 衆眇之〈門〉.

兩者同出, 異名同胃. 玄之又玄, 衆眇之門.

둘은 함께 나와서 이름이 다르더라도 같은 것이니 玄妙하기
이를 데 없어야 衆妙의 문이 된다.

道可道, 非常道, 名可名, 非常名.

無名, 天地之始, 有名, 萬物之母. 故常無欲,
以觀其妙; 常有欲, 以觀其徼.

此兩者同出而異名, 同謂之玄, 玄而又玄, 衆妙之門.

　도道를 설명하여 표현할 수 있으면 이것은 곧 참된 道라 말할 수 없고, 사람들이 설명하는 이름(名. 개념)은 사실 참된 명名이 아닌 것이다. (사물은 정확하고 적절하게 구체적으로 표현할 수 없는 것이다.)

　무명은 천지가 아직 시작하지 않은 때의 상태이고, 유명은 만물이 개시하는 때의 상태이다. 그러므로 무욕無欲에 근거하면 사물의 오묘함을 알 수 있고, 유욕有欲에 근거하면 다만 사물의 표상을 알 수 있을 뿐이다.

　무욕과 유욕이라고 하는 이 둘은 도 가운데에서 함께 나와서 이름이 다르나, 이 둘의 통일이야말로 곧 玄妙하여 상상할 수 없다 하더라도 이것이 천지 만물을 생산하는 모든 문이 되는 것이다.

註 · 解

道:
《개념》
　　▷사람이 지키고 실천해야 할 바른 길, 즉 도리道理(字源), ▷자연의 이치이며 만물이 연유하는 것(范応元), ▷통하지 않는 바가 없음(韓康伯), ▷형이상학적인 실체로 만물의 근원이자 우주운행의 원리(道德経注解), ▷道可道; 謂経術政教之道也(河上公章句) 経術; 経学, 政教; 政治와 教化 등
《의미》
　　▷길, ▷자연을 따름(書経), ▷정치(論語), ▷도덕 또는 道義(左伝), ▷실행(管子), ▷교도教導(荘子), ▷事理 혹은 규율(易経), ▷治理(広雅), ▷말하다(詩経, 大学) 등

可: 허가(左傳), 應當(史記), 可以; 能够(詩經), 適合, 符合(荀子)

非: 아니다

恒: 長久(易), 恒心(論語), 規律(질서나 제도를 위해 지켜나가야
할 행동의 준칙이 되는 본보기); 法則(國語), 經常(書經), 恒
常; 經常(늘. 항상. 보통), 常常, 영구. 불변

常: 經常; 常常(莊子), 規律; 通例(荀子), 自然長生(河上公章句)

名: 이름, 사물의 명칭(釋名, 論語), 職名(左傳, 論語), 명분(論
語), 작위의 칭호(左傳), 명성(晏子春秋), 名産(특산품); 名
將(莊子), 大(廣韻), 名家(史記), 文字(周禮), 成(廣雅),
功(廣雅), 詺(이름지을 명. 集韻)과 同字, 富貴尊榮(高世;
세속을 초월함. 河上公章句) 등

始: 開始(易), 當初(詩經), 根本, 本源(國語)

眇: 애꾸눈 묘. 細小(莊子), 빠짐없이 미침(荀子)

妙: 奧妙(王弼), 善(世說新語), 年少(正字通), 眇(微少)와 통함
(呂氏春秋), 遠(韓非子), 要(河上公章句)

噭: 입 교. 徼의 가차자

徼: 변방 요. 순찰하다(漢書), 변방(史記), 小道(漢書), 제한, 단
서. 歸(河上公章句)

曒: 밝을 교(敦煌甲本)

胃: 謂의 가차자

有: 又의 가차자

玄: 天(河上公章句), 玄妙(老子)

장자는 내편의 제물론 제9장에서 '인간의 바른 생각과 행동(敎 導; 가르치다. 지도하다)'이라 하여 도는 실천적 정치관임을 보여주 고 있고, 한비자는 해로편에서 '이치로서 총괄하는 만물의 근원'이라 하여 도는 사리事理임을 보여주고 있다.

장자 외편의 지북유론 제12장에서 무시無始는 '도는 들을 수가 없 는 것이니 들리는 것은 도가 아니고, 도는 볼 수가 없는 것이니 보 이는 것은 도가 아니며, 도는 말할 수가 없는 것이니 말하는 것은 도가 아니다. 종류가 번다한 것은 모양을 갖추지 않는다는 것을 아 는가? 그러므로 道란 이름은 부당한 것이다.'라고 하였다. 장자의 33편 중에서 내편만이 순수한 장자의 사상을 기록한 것이고 문장도 가장 뛰어난 부분이라는 것은 거의 모든 학자가 의견을 일치하며 외 편과 잡편은 노자 사상을 바탕으로 하여 장자의 사상을 그의 제자들 이 다시 부연한 내용으로 알려져 있다(장자. 김학주 옮김. 을유문화 사). 그렇다면 '道可道, 非常道'를 '도를 설명할 수 있다면 그것은 참된 도가 아니다'라는 해석은 '道不可言, 言而非也.'에서 비롯되 었을지도 모른다. 왕필 역시 뒤의 道를 '說(詩經·鄘風·墻有茨)' 로 해석하였다.

본문에서 설명하는 도를 보면, '도는 연못과 같다(4장)', '도는 물 과 같다(8장)', '천도는 자족하고 양보하는 것이다(9장)', '자연무위 의 덕성(10장)', '有는 이로움이고 無는 쓰임새이다(11장)', '허상을 버리고 실질을 추구하다(12장)', '천하를 위해 정치를 해야 한다(13 장)', '고대의 본원이 도의 규율이다(14장)', '도를 보전하려면 자만 하지 않아야 한다(15장)', '도는 자연이다(25장)', '도는 무명의 순박함으로 충만한 것이다(37장)' 등 구체적이고 실질적인 표현으로 일관되어 있다. 그런데 왜 도를 설명할 수 없는 것이라고 하였을까?

그리고 왜 한 문장(道可道) 안에서 앞의 道를 '우주만물의 근원'이라 해석하고, 뒤의 道를 '說'이라 해석한 것일까? '不言之教'에서처럼 같은 책에 '言'이라는 글자를 사용했음에도 불구하고 道可道에서는 '言'을 사용하지 않은 이유는 무엇일까? 또 하상공본에서는 도를 '경술經術과 정교政教'라고 해석하여 왜 유가와 대립적으로 해석하였을까?

장자와 한비자의 다른 관점의 해석, 왕필본과 하상공본의 해석이 다른 이유, 한 문장 안에 있는 道를 달리 해석하는 까닭이 도대체 무엇을 의미하는지 궁금할 뿐이다. 아마도 이것이 전국시대 이후의 중국적인 사상의 진면목일지도 모른다. 그래서 필자는 노자가 살았던 춘추시대의 배경에 걸맞는 역사적 사실과 사리적事理的 차원에서 해석해 보기로 한 것이다.

"道, 可道也"에서 도道는 노자가 주장하는 '치도治道'를 나타내는 것이다. 또한 도道를 자연 법칙에 비유하여 '길'처럼 '순리順理'대로 정치를 해야 한다는 것을 나타내는 것이다. 길(道)은 길에 적합해야 편리하게 사용할 수 있는 것이다. 그러므로 정치도 정치다워야 국가를 다스리는 이념이 될 수 있다는 것이다. 먼저 길을 제시한 것은 자연의 무위사상을 제시하기 위한 것이다. 그 다음에 이름(名)을 제시하여 인간의 작위, 즉 '법이나 제도 등'을 자연의 무위사상과 적절하게 배합해야 이상적인 정치를 할 수 있다는 것을 나타내려고 한 것 같다. 무위사상은 이상적 정치관이고 법이나 제도 등은 현실적 정치관일 것이다.

그리고 무명을 만물의 시작(萬物之始)이라 하였고 유명을 만물의 어머니(萬物之母)라고 하였다. "양이 변하여 음과 결합함으로써 만물(五行)이 생기다"라는 음양의 개념을 상기해 본다면 무명은 양의 개념이고 유명은 음의 개념과 비슷하다. 왜냐하면 양의 성정 중에는 始가 있고 음의 성정 중에는 成(母)이 있기 때문이다. 그러므로 道는 이상적 정치의 본원이고 名은 바른 정치의 제도이며 무명은 도의 상징적 작용(임금의 정치적 명령)이고 유명은 시행적施行的 작용(관리의 정치적 행위)이라 여겨진다.

통행본의 '無名天地之始'라면 이러한 해석은 성립되지 않는다. 왜냐하면 '천지의 시작'과 '만물의 어머니'는 단지 무명이나 유명이라는 별개의 의미를 설명할 뿐, 각각은 의미가 서로 연결되지 않기 때문이다. 그러나 '만물의 시작'과 '만물의 어머니'라고 하였을 때에는 만물이 생겨나려면 하늘과 땅(天地)이 있어야 한다는 의미로서 상징적인 해석이 가능하다. 통행본처럼 단지 무명과 유명을 표현한 것이 아니라 만물이 생겨나는 데에 따른 구체적인 근원(天地)을 유추할 수가 있는 것이다. 예를 들자면 자식은 부모가 있어야 생겨난다는 것과 같은 의미이다. 다시 말하자면 백성은 임금과 신하(혹은 국법)가 있어야 존재한다는 뜻이다.

그리고 無名과 有名에서 無와 有는 無形의 성질과 有形의 성질로서 명령(임금)과 집행(신하)의 정치적 특징을 표현하려고 한 것 같다. 그러므로 治道의 道와 治道를 구체적으로 실행하는 통치기관의 名은 "영구한 道(名)가 아니다(非恒道(名)也)" 즉, 상황이나 시대에 따라 적절하게 변화해야 한다는 의미일 것이다. 따라서 치도治道가 치도治道에 적합해야 하더라도 치도治道는 시대와 상황에 따라서 변화해야 하는 것이다. 또 도道는 길의 의미로서 자연과 같은 무위적인 것을 이중으로 상징하는 것이다.

명名은 도道와 상대되는 개념이다. 도道 즉, 길이 자연의 순리(無爲)를 나타내는 것이라면 명名은 명분名分(사람들이 지켜야 할 도리, 본분) 즉, 인위人爲(有爲; 作爲)를 말하는 것이다. 명名자를 보면 '成'이나 '이름을 짓다'라는 의미가 있는데, 이는 다분히 인위적인 행동이다. 그러므로 노자가 명名자를 사용한 것은 인위적인 것을 나타내려고 한 것 같다. 따라서 치도治道에는 자연의 순리를 따르는 무위無爲의 이상적 정치와 계획적이고 시행적施行的인 인위人爲(有爲)의 제도적 정치가 있다는 것이다. 그러므로 名은 인위적으로 통치하기 위해 만들어진 법이나 제도(신하)를 의미하는 것이다.

도道와 명名이 비록 무위(정치의 주체)와 유위(정치의 보좌)이기는 하나 非恒道 혹은 非恒名이라 하였으니 그 방법에 있어서는 일정하게 고정된 것이 아니라 상황과 시대에 따라 적절하게 변모해야 한다는 것이다.

무명無名은 도道를 설명하는 것이고 유명有名은 명名을 설명하는 것이다. 무명은 만물의 시작(開始)이라 하였고 유명은 만물을 낳는 어머니라 하였다. 이것은 양陽과 음陰을 나타내는 것 같다. 주돈이의 말을 빌린다면 "양이 변하여 음과 결합함으로써 만물(五行)이 생기다"라는 의미이다. 이것으로 유추해 본다면 노자의 사상을 무위설이라고만 하는 것은 잘못이 아닌가 한다.

노자는 무위만을 주장한 것이 아니라 유위가 무위와 서로 맞물려서 만물을 낳는다고 하였다. 그러므로 만물을 낳으려면 유위는 무위의 상대적인 존재가 되는 것이다. 부부에 비유한다면 도는 남자이고 명은 여자이며 남자가 행위하고 여자가 이를 받아들여 자식(만물)을 생산하는 것과 같은 비유이다. 이때 남자의 일방적인 행위만으로 자식을 생산할 수 없고, 역시 남자의 행위 없이 여자 혼자만으로 자식을 생산할 수 없는 것과 같은 것이다. 이러한 현실적 관찰에서 정치의 이상을 본 것일 것이다.

정치적인 관점에서 표현한다면 무위의 정치(강압하지 않는 정치)를 하였을 때 백성은 제 스스로 알아서 평안을 되찾는다는 의미이다. 노자의 시대가 혼란스런 춘추시대였으니 그가 그 당시의 현안문제로 제기한 것은 폭정暴政하는 조정과 핍박받는 백성을 동시에 구제할 수 있는 방안이 무엇인가였을 것이다(春秋五霸). 그러므로 노자는 임금과 신하의 관계를 道와 名이라는 개념으로 사용하였는데, 마치 부부관계에 비유하여 자식을 낳아 가정이 흥성하는 것처럼 치도와 국가제도를 설명한 것이다. 따라서 임금 혼자서 통치할 수 없고 지도자가 없는 신하만으로 통치할 수 없는 것이다. 그러므로 제왕은 신하가 반드시 필요하고 신하 역시 지도자가 반드시 필요한 것이다.

노자는 유위와 무위가 변모해야 한다는 것을 강조하고 있다. 이것은 시대와 상황에 따라서 치도나 제도 역시 바뀌고 변화해야 한다는 것을 보여주는 것이다. 임금이 독재하면 신하는 임금을 위해 아첨하기를 일삼을 것이고 신하가 강성하면 사공 잃은 나룻배처럼 말기적 현상이 나타나서 급기야 그 피해는 백성에게 돌아가게 될 것이다. 이는 곧 무위와 유위가 조화를 이루어야 국가가 번영할 수 있다는 것을 보여주는 것이다. 그래서 마지막 구절에 중묘지문衆眇之門(국가번영의 문)이라고 한 것이다.

'늘 하고자 하지 않으면 이로써 그 착함을 얻다'에서 '恒無欲'은 '항상 무위의 정치를 하다'라는 의미로서 임금은 인위적인 정치를 하지 않아야 한다는 뜻이고, '以觀其眇'의 '착함을 얻다'란 곧, '선정善政하는 것'이라는 의미이다. 그러므로 '인위적인 정치를 하지 않는 것이 선정'이라는 것이다.

'늘 하고자 하면 이로써 그 소도小道를 얻는 것이다'에서 '恒有欲'은 '항상 유위의 정치를 하다'라는 의미로서 신하는 계획적이고 시행적인 정치에 임하라는 뜻이고 '以觀其所噭(曒)'의 '소도小道(치국평천하治國平天下의 도보다 작은 도. 곧, 농포·醫卜 등의 도.)를 얻다'란 맡은 바 책임에 최선을 다한다는 의미이다. 따라서 '신하는 법과 제도를 통해 임금의 이상적인 정치를 시행하는 데 최선을 다한다는 것'이라는 것이다. 그러므로 임금은 무위의 정치로서 선정하고 신하는 유위의 정치로서 소도小道(무위의 정치를 시행하는 것)를 이행하는 것이다.

'둘은 함께 나오다'란 임금과 신하 곧, 양과 음은 출처가 한 곳이라는 의미이다. 양은 이끌고 음은 양의 인도에 따라 만물(오행)을 완성하는 것이다. 비유하자면 주인(군자)이 머슴(소인)에게 명을 내리고 이 명을 받아서 소인이 일을 완성하는 것과 같은 것이다. 그러므로 제왕과 신하는 통치기구의 한 축으로서 하나이며 둘이 아니라는 것이다. '이름이 다르더라도 같은 것이니 현묘(심오한 작용, 또는 이치)하기 이를 데 없어야 중묘의 문이 될 것이다'란 '비록 임금과 신하는 그의 이름은 다르나(주체와 보조자로서의 이름은 다르나) 지배의 주체로서 임금(陽)과 신하(陰)는 정치적 목적의 근원이 같기 때문에 상호 협력하고 화합해야 국가가 번영할 수 있다'라는 의미이다.

　사기에, "노자가 난세를 피하여 함곡관에 이르렀을 때, 관령이었던 윤희가 노자에게 도를 물으니, 오천여 자의 도와 덕을 적어서 윤희에게 주었다."라고 하였다. 그 당시는 춘추시대로서 주 왕실의 권위가 추락하고 혼란이 극심했던 시기이다. 이러한 시절에 살았던 노자가 현실에 대하여 회의하고 있었던 문제는 과연 무엇이었을까? 아마도 폭정으로 고달프게 살아가는 백성의 삶과 이로 인해 혼란해진 정치적인 문제였을 것이다.

　노자가 살았던 춘추시대는 한대漢代나 그 이후처럼 문자가 많지 않았다. 아마도 그 당시의 표현 방법은 지금처럼 설명적이었거나 논리적인 표현이 어려웠을 것이다. 죽간에 새기는 기록방법, 적은 문자, 구전口傳으로 전하는 학습방법學習方法 등은 압축된 상징적 표현이나 비유적 표현을 자연스럽게 발달시켰을 것이다.

　비유나 상징은 주제를 파악하는 것이 무엇보다도 중요하다. 일례로 "까마귀 검다 하고 백로야 웃지 말라", "까마귀 노는 골에 백로야 가지 말라"에서 전자는 백로의 이중성을 비유한 것이고 후자는 백로의 도도함을 비유한 것이다. 이처럼 한 대상을 해석하더라도 양면성을 띠기 때문에 그 주제를 파악하는 것이 무엇보다 중요한 것이다. 그러므로 문장 전체의 흐름에서 비유하거나 상징하고 있는 의미를 찾아야 할 것이다.

　道의 의미는 아직까지 하나로 확고하게 정해진 바가 없다. 관점은 도가적인 면[장자]과 법가적인 면[한비자]이 있고, 책은 왕필본과 하상공본이 양 대의 주류를 이루고 있다. 하상공본에서는 "경학經學과 정교政敎의 도道(경학: 경서의 뜻을 연구하는 학문. 정교: 정치와 교화)는 자연 장생의 도가 아니다"라고 하여 유가와 대립적인 해석을 하였고, 왕필본에서는 "도는 표현할 수 없는 것"이라고 하여 이해하기 모호한 해석을 하였다. 그리고 도덕경을 최초로 해석한 것은 한비자의 해로편과 유로편이다. 이러한 것들은 모두 노자의 당대 관점이 아니라 최소한 이백 여 년에서 칠백 여 년이 지난 후의 관점이다. 그러므로 이러한 해석은 노자의 진정한 관점이 아닐지도 모른다.

장자(기원전 370~335)는 노자보다 200여년 후의 사람이고, 한비자(기원전 280~233)는 노자보다 280여년 후의 사람이다. 이러한 모든 설說은 보다 진보된 후대의 사유思惟일 것이다. 그 당시의 학문은 대개 정치를 위한 것이었기 때문에 '서경', '논어', '광아' 등의 의미를 취하여 노자가 주장하는 〈道〉를 '정치'였다고 생각하는 것이다.

죽간본의 분량이 통행본의 2/5밖에 되지 않는다는 점으로 미루어, 최초의 노자도덕경은 분량이 적었으며 지금의 도덕경은 후대에 발전된 사상이 하나 둘씩 덧붙여진 것일 것이다. '무명無名'은 장자의 소요유편에서는 '명성을 추구하지 않다'라고 하였고, 도가에서는 '천지가 아직 형성되지 않은 때의 상태'라고 하였다. 통행본은 '萬物'이 '天地'로 되어 있으나 갑본과 을본은 모두 '萬物'로 되어 있다. 이것은 '天地'가 아니었음을 보여 주는 확실한 증거이다. 따라서 도가나 법가의 해석은 노자의 본의가 아닐 수도 있는 것이다. '유명有名'은 도가에서 '만물본원의 이름지은 것을 가리키며, 무명의 상대적인 표현이다.'라고 하였다.

노자의 사상을 계승한 장자가 도를 표현한 것을 보면 대략 다음과 같다.

제 물 론

제6장 : 도는 어딘가에 숨어 있어도 진실과 거짓을 분별하고, 어디를 가더라도 존재하며, 조그마한 성취에도 숨겨져 있다.

제9장 : 종채와 기둥, 문둥이와 서시, 진귀함과 괴상함 등을 놓고 볼 때, 도에 있어서는 모두 통하기 때문에 하나가 되는 것이다. 분산은 다른 측면에서 성립이 되고 성립은 다른 측면에서 파괴가 되나 만물에 있어서 성립이나 파괴는 없는 것이니 역시 모두가 통하고 있기 때문에 하나가 되는 것이다. 보편적이고 영원한 작용이 제대로 알맞게 적용한다면 도에 이르는 것이다. 이것을 도라고 한다.

제14장 : 천하에 가을 짐승 터럭보다 더 큰 것이 없다고 여길 수도 있고, 태산을 작다고 여길 수도 있으며, 어려서 죽은 아이보다 더 오래 살 수 없다고 여길 수도 있고, 팽조를 일찍 죽었다고 여길 수도 있는 것이다. 천지는 우리와 함께 존재하고 만물은 우리와 더불어 하나가 되고 이미 하나가 되었으니 역시 이론異論이 있을 수 있겠는가? 이미 하나가 되어 있다고 말한다면 역시 이론이 없을 수 있겠는가? 하나라는 것과 이론은 두 가지가 되고, 그두 가지와 하나는 또 세 가지가 되니 이로 미루어 나아간다면 아무리 계산을 잘 하는 사람이라 하더라도 계산해 낼 수가 없을 것이다. 어찌 범인凡人이 이를 계산해 낼 수 있겠는가? 그처럼 무無

로부터 유有로 나아가는 데에도 세 가지가 되었는데, 어찌 유有에서 무無로 나아가는 것이 가능하겠는가? 그러므로 무적無適이야말로 진실한 지혜라고 하는 것이다.

제15장 : 도는 본래부터 한계가 없는 것이고 언어는 본래부터 항구성이 없는 것이다. 그 때문에 언어는 구별이 생기는 것이다.

제16장 : 위대한 도는 언어로 표현하지 못하며, 위대한 이론은 언어로써 나타나지 않는 것이다. 위대한 사랑(仁)은 사랑하지 않는 듯하고, 위대한 청렴은 그의 모습을 드러내지 않으며, 위대한 용기는 남을 해치지 않는다. 도가 밝게 드러난다면 도가 아니고, 언어가 이론석이라면 불충분한 것이다.

최초로 도덕경을 해석한 한비자가 설명하는 도는 다음과 같다.

해 로 편

제14장 : 도는 만물을 존재하게 하는 근원이며, 모든 사물의 이치와 법칙이 모여드는 곳이다. 이理는 땅이 만물을 양육하여 아름답게 꾸미는 것이며, 도는 만물을 성립시키는 근본이다. 그래서 말하기를 '도는 만물을 이理로써 총괄하는 것이다.'라고 한 것이다. 만물은 이理가 있으며 서로가 침범할 수 없는 것이다. 그러므로 이치는 만물을 통제하고, 만물은 각각 이치를 달리하는 것이다. 만물이 각각 이치를 달리하고 있고 도는 만물의 이치를 총괄하기 때문에 때에 따라 변화하지 않을 수 없는 것이다. 때에 따라 변화하지 않을 수 없기 때문에 세상에는 변화하지 않는 것

이 없는 것이다. 이렇게 세상에는 변화하지 않는 것이 없기 때문에 사생死生의 기운을 道로부터 받게 되고, 모든 지혜도 道로부터 비롯되며, 만사의 흥망성쇠도 道로부터 발생하는 것이다. 하늘은 저절로 갖추어진 도에 의하여 항상 높은 것이고, 땅은 저절로 감추어진 도에 의하여 만물을 그 속에 실으며, 북두칠성은 도에 의하여 그 찬란한 빛을 내뿜고, 해와 달은 도에 의하여 언제나 변함없이 그 밝은 빛을 내리며, 오행五行의 오상五常도 도에 의하여 각기 그 자리를 지키고, 뭇 별들도 또한 도에 의하여 정해진 궤도를 바르게 운행하며, 사계절은 도에 의하여 기운의 변화를 잘 조절하고, 헌원 황제는 도를 터득하고 온 세상을 제패하여 조공을 바치게 했으며, 적송자라는 신선은 스스로 도를 터득하여 천지와 더불어 생사를 같이 하였고, 성인은 마침내 도를 터득하여 사람의 문물과 제도를 만들었다. 도가 요순과 함께 하면 지혜가 되고, 접여와 함께 하면 미치광이가 되며, 걸주와 함께 하면 멸망이 되고, 탕무와 함께 하면 그들과 더불어 번영이 되는 것이다. 이렇게 가까이에 있었던가 하고 생각하면 저 세상 끝에서 노닐고, 저렇게 멀리 있는가 하고 생각하면 언제나 자신의 바로 옆에 있다. 또 도란 이렇게도 어두운 것인가 하고 생각하면 그 빛은 너무나 찬란하게 밝고, 이처럼 밝은 것인가 하고 생각하면 그것은 캄캄하여 보이지 않는다. 도의 작용은 천지를 이루었고, 그 화기和氣는 음양을 조화시켜 천둥과 번개로 변하게 했으니 우주의 만물은 이로 인하여 이루어지는 것이다. 무릇 도의 실체는 아무런 제약을 받지 않고, 아무런 형태도 없으며, 유연하고 미약하나 때에 따라 변하고, 이치에 따라 상응하는 것이다. 이렇게 만물은 도의 법칙에 의하여 죽고, 또한 살기도 하며, 만사는 그에 따라 실패도 하고 또 성공도 하게 되는 것이다. 도를 비유하자면 물과 같은데, 물에 빠진 사람이 물을 너무 마시면 죽게 되나, 목마른 사람이 적당하게 마시면 살아 날 수 있는 것과 같은 것이다. 또 칼과 창에 비유하여 어리석은 자가 그것을 사사로운 분노로 휘두르게 된다면 재앙이 생기나, 성인이 이것으로 포악한 자의 죄를 처벌한다면 모든 사람의 복이 될 수 있는 것과 같은 것이다. 그러므로 "도를 터득함으로써 죽고, 도를 터득함으로써 살며, 도를 터득함으로써 실패하고, 도를 터득함으로써 성공한다."라고 한 것이다.

무위로써
말없이 행하며 교화하다

아름다움이 있으면 추함이 있고 착함이 있으면 악함도 있듯, 유무有無, 난이難易, 장단長短, 고하高下, 음성音聲, 선후先後 등이 영원 불변의 상대적인 것처럼 백성이 있어야 임금도 존재하는 것이다. 그리하여 성인은 무위를 일삼으며 말없이 행하면서 백성을 교화하기 때문에 백성이 어렵더라도 이를 다스리지 않고, 좋은 계획을 실행하더라도 백성을 부리지 않으며, 성공하더라도 이를 자랑하지 않는다. 대개 오직 다스릴 뿐이기 때문에 잃지도 않는다.

天下皆智美之爲美也, 惡已. 皆智善, 此其不善已. 又
亡之相生也, 難易之相成也, 長短之相型也, 高下之相
盈也, 音聲之相和也, 先後之相隨也.

천하가 모두 美라고 여기는 美는 추醜가 있기 때문이고, 천하
가 모두 善이라 여기는 善은 惡이 있기 때문인 것처럼 유有와
무無가 상생하고, 난難과 이易가 상성相成하며, 장長과 단短이
상형相形하고, 고高와 하下가 상영相盈하며, 음音과 성聲이 상
화相和하고, 선先과 후後가 상수相隨하는 것이다.

是以聖人居亡爲之事, 行不言之敎. 萬物作而弗始也,
爲而弗志也, 成而弗居.

그리하여 성인은 무위를 일삼으며 불언不言의 가르침을 행하
기 때문에 만물이 작용하더라도 시작하지 아니고, 행하더라도
의지하지 아니하며, 이루더라도 다스리지 않는 것이다.

夫唯弗居也, 是以弗去也.

대개 오직 다스리지 않기 때문에 잃지도 않는 것이다.

天下皆知美爲美, 惡已; 皆知善, 訾(斯)不善矣.
〈有无之相〉生也, 難易之相成也, 長短之相刑也,
高下之相盈也, 意聲之相和也, 先後之相隋, 恒也.

天下皆知美爲美, 惡已; 皆知善, 訾(斯)不善矣.
〈有无之相〉生也, 難易之相成也, 長短之相刑也,
高下之相盈也, 意聲之相和也, 先後之相隋, 恒也.

천하가 모두 美라고 여기는 美는 추醜가 있기 때문이고, 천하가 모두 善이라 여기는 善은 惡이 있기 때문에 존재하는 것처럼 유有와 무無가 서로 생성生成하고, 어려움과 평이平易함이 서로 이루며, 김(長)과 짧음(短)이 서로 모양을 만들고, 높음(高)과 낮음(下)이 서로 존재하며, 음音과 성聲이 서로 응하고, 선先과 후後가 서로 따르는 것인데, 이와 같은 것들은 모두 영원히 변치 않는다.

是以聲人居无爲之事, 行〈不言之教. 萬物昔而弗始〉也,
爲而弗侍(恃)也, 成功而弗居也.

是以耵人居无爲之事, 行不言之教. 萬物昔而弗始, 爲
而弗侍(恃)也, 成功而弗居也.

그리하여 성인은 무위를 일삼으며 말없이 행하면서 교화하기 때문에 만물이 기울더라도 만물을 다스리지 않고, 좋은 계획을 실행하더라도 백성을 부리지 않으며, 성공하더라도 자랑하지 않는다.

夫唯居, 是以弗去.

夫唯居, 是以弗去.

대개 오직 다스릴 뿐이기 때문에 잃지도 않는 것이다.

天下皆知美之爲美, 斯惡已, 皆知善之爲善, 斯不善已.
故有無相生, 難易相成, 長短相較, 高下相傾, 音聲相
和, 前後相隨, 恒也.

萬物作焉而不辭, 生而不有, 爲而不恃, 功成而弗居.
是以聖人處無爲之事, 行不言之敎.

夫唯弗居, 是以不去.

訳文 ==

천하가 미美라는 개념으로 알고 있는 이것은 추함의 개념으로
부터 동시에 만들어졌고, 모두가 도선道善이라는 개념으로 알
고 있는 이것은 악惡(不善)의 개념으로부터 만들어졌다. 유와
무는 상호 대립하여 생성되고, 어려움과 쉬움은 상호 대립하
여 형성되며, 장과 단은 상호 대립하여 비교되고, 높음과 낮
음은 상호 대립하여 존재하며, 음과 성은 상호 대립하여 화해
和諧(調和)하고, 선과 후는 상호 대립하여 출현하는 것이니
이것은 항구한 것이다.

까닭에 성인은 무위로써 일을 처리하고 말없이 행사하며 만물
이 생장하는 데 제한하지 않고 만물이 발육하는 데 상종토록
하지 않으며 공업을 성취해도 오만하거나 공로가 있다고 자처
하지 않는다.

이처럼 바로 공로가 있다고 자처하지 않고 타인의 공적이라
여기는 까닭에 영구히 불멸하는 것이다.

註・解

訾: 헐뜯을 자. 斯(此)의 가차자이다.

刑: 形의 가차자.

惡: 못생길 악(史記).

意: 音의 가차자.

隋: 隨의 가차자

盈: 찰 영. 충만. 덜 펴진 활을 손으로 잔뜩 당기듯이 접시에 음식을 담아 올리다(字源).

聲: 聖의 가차자.

居: 處와 통함. 다스림(逸周書). 차지함(晉書).

耶: 聖자에서 壬이 없는 모양임.

侍: 임하다(禮記), 따르다(廣韻), 부리다(廣雅).

昔: 夕과 동자. 기욺(呂氏春秋).

始: 治理(다스림. 다스려짐. 詩經・大雅)

지혜를 감히
사용하지 못하게 하고
무위를 행하는 것이
통치이다

임금에게 편애가 없으면 관리는 다투지 않고, 물욕을 버리게 하면 관리는 도둑질하지 않으며, 유혹이 없으면 관리는 마음이 어지럽지 않다. 그러므로 성인의 정치는 마음을 비워서 배를 채우고 뜻을 버려서 뼈를 세게 하는 것이니 항상 관리를 무지하고 무욕하게 하는 것이다. 지혜를 감히 사용하지 못하게 하고 무위를 행할 따름이라면 통치하지 않음이 없는 것이다.

甲本 乙本 ▶▶▶▶▶▶▶▶▶▶▶▶▶▶▶▶▶▶▶▶▶▶▶▶▶▶▶▶▶▶▶▶▶▶▶

不上賢,〈使民不爭. 不貴難得之貨, 使民不爲盜. 不見可欲〉, 使民不亂.

不上賢, 使民不爭. 不貴難得之貨, 使民不爲盜. 不見可欲, 使民不亂.

현인을 숭상하지 않으면 관리는 다투지 않고, 얻기 어려운 재물을 귀하게 여기지 않으면 관리는 도둑질하지 않으며, 욕심이 나는 것을 보이지 않으면 관리는 마음이 어지럽지 않다.

是以聲人之〈治也, 虛其心, 實其腹, 弱其志, 强其骨. 恒〉使民无知无欲也.

是以取人之治也, 虛其心, 實其腹, 弱其志, 强其骨. 恒使民无知无欲也.

그러므로 성인의 통치는 마음을 비워서 배를 채우고 뜻을 버려서 뼈를 세게 하는 것이니 항상 관리를 무지無知하고 무욕無欲하게 하는 것이다.

使〈夫知不敢, 弗爲而已, 則无不治矣.〉

使夫知不敢, 弗爲而已, 則无不治矣.

지혜를 감히 행하지 못하게 하고 무위를 행할 따름이라면 통치하지 않음이 없는 것이다.

王本 ▶▶▶▶▶▶▶▶▶▶▶▶▶▶▶▶▶▶▶▶▶▶▶▶▶▶▶▶▶▶▶▶▶▶

不尚賢, 使民不爭, 不貴難得之貨, 使民不爲盜, 不見可欲, 使民心不亂.

是以聖人之治, 虛其心, 實其腹, 弱其志, 强其骨. 常使
民無知無欲. 使夫智者不敢爲也.

爲無爲, 則無不治.

訳文 ===

현재賢才를 숭상하지 않아야 백성이 명예를 위해 다투지 않고,
기이한 재물을 귀중하게 여기지 않아야 백성이 이익을 도둑질
하지 않으며, 탐욕이 날 만한 물건을 보이지 않아야 백성이
어지럽지 않은 것이다.

그러므로 성인이 국가를 다스린다면 단지 백성의 심지를 청정
하게 하여 다른 사람의 배를 충실하게 하는 것이고, 다른 사
람의 의기를 삭감하여 다른 사람의 근골을 강건하게 하는 것
이다. 항상 백성에게 위선적인 마음이 사라지게 하고, 망령되
게 탐하는 욕망이 사라지게 하고, 다른 사람에게 감히 도를
알지 못하게 하는 것이다.

무위에 이른다면 이것이 곧 천하를 다스리는 것이다.

註・解

上: 尚(숭상, 바라다, 자랑, 좋아하다)과 통용(漢書).

賢: 현인賢人.

民: 평민(詩經). 民을 살펴보면 백성(서경), 국민(예기), 토착의 민중(후한서), 자기 이외의 뭇사람(시경), 어리석음(춘추번로), 人(시경), 상고시대의 관리(易經·계사하), 모종의 직업에 종사하는 사람(시경), 字源; '한쪽 눈을 바늘로 찌른 형상을 본떠, 한쪽 눈이 찌부러져 먼 노예·피지배 민족의 뜻에서, '백성'의 뜻을 나타냄.' 등이다. 이러한 의미에서 본다면 보편적으로 民은 백성의 의미에 가깝다. 그러나 무위의 정치를 시행한다 하더라도 임금이 직접 그 수많은 백성을 상대로 정치를 할 수는 없는 노릇이다. 이는 관리를 통해야 정치를 할 수 있는 것이기에 역경易經의 '관리'라는 의미가 적합할 것이다. 이러한 관리의 폐단을 보고 고대의 부족사회를 이상으로 본 것 같다. 뒷장에서 백성은 백성이란 직접적인 용어를 사용하고 있다.

도道는
연꽃과 같다

도는 빈 그릇과 같은데, 이로써 이를 사용하더라도 혹은 자만하지 않는다. 연못이 만물의 근본을 다스리는 것처럼 도는 포용력이 있고 갈등을 풀며 재주를 감추고 속세와 어울리는 것이다. 모를 듯 알 듯, 나는 그가 누구의 자식인지 모르나 상제보다 앞선다고 생각한다.

〈道盅, 而用之有弗〉盈也.

道盅, 而用之有弗盈也.

도는 빈 그릇과 같은데, 이로써 이를 사용하더라도 혹은 자만
하지 않는다.

潚呵, 始萬物之宗. 銼其(銳), 解其紛, 和其〈光〉, 同〈其塵〉.

淵呵, 似萬物之宗. 銼其兌, 解其芬, 和其〈光〉, 同其塵.

연못이 만물의 근본이 시작하는 것처럼 도는 날카로운 끝을
꺾고(포용력이 있고), 얽혀서 덩이가 된 것을 풀며(갈등을 풀
며), 빛을 함축하고(재주를 감추고), 티끌과 함께하는 것이다
(속세와 어울리는 것이다).

〈湛呵似〉或存, 吾不知〈誰〉子也, 象帝之先.

湛呵似或存, 吾不知其誰之子也, 象帝之先.

고여 있는 듯 존재하는 듯(모를 듯 알 듯) 나는 그가 누구의
자식인지는 모르나 상제上帝보다 앞선다고 생각한다.

王本 ▶▶▶▶▶▶▶▶▶▶▶▶▶▶▶▶▶▶▶▶▶▶▶▶▶▶▶▶▶▶▶▶▶▶▶

道沖, 而用之或不盈.

淵兮, 似萬物之宗. 挫其銳, 解其紛, 和其光, 同其塵.

湛兮似或存, 吾不知誰之子, 象帝之先.

도의 형태는 공허한 큰 그릇이며, 영원히 성하더라도 그것을 가득 채우지 못하기 때문에 현묘하고 심오한 모양이다.

이것은 마치 만물의 종주와 같으니 날카로움을 용해하여 제거하고 분쟁을 풀어 제거하며 빛을 함축하고, 속세와 혼동混同하는 것이다.

그윽하고 은은한 모양은 마치 존재하지 않는 것과 같으니 나는 도가 어디서 생겨났는지 모르나 이것은 아마도 천제天帝의 선조와 같을 것이다.

註 · 解

盅: 빈 그릇 충. 그릇 속에 아무 것도 없음.
盈: 찰 영. 자만(易 . 謙). 넘쳐흐르다.
潚: 빠를 축. 이것은 을본의 淵을 따른다.
有: 又와 서로 통하고 有는 或과 통한다.
始: 비롯하다. 다스리다(詩經). 治理(詩經).
銼: 꺾을 좌. 挫와 同字.
銳: 갑본은 예銳자 자체가 없으며 을본의 兌는 銳의 誤字이니 통행본의 예銳를 따른다.
紛: 芬과 통용. 분규紛紏; 얽혀서 덩이가 됨.

和其光, 同其塵: 和光同塵(재주를 숨기고 속세에 파묻혀 산다). 교만하지 않고 겸허하다.	
湛: 괼 잠. '물이 가득 깊이 괴어 있음. 두터움'의 의미이니 '존재하 지 않는 것'을 비유한다.	
呵: 꾸짖을 가. 어기사.	
或: 有(廣雅).	
誰: 누구 수. 어떤 사람.	
象: 道(執大象), 견주다(左傳).	

　빈 그릇처럼 무엇이든지 담아서 사용할 수 있듯이 도는 용도가
다양한 것이다. 또한 도를 사용하더라도 자만하지 않는다.

　연못이 포용력이 있고 갈등을 풀며 교만하지 않고 겸허한 것처럼
도는 만물의 근본을 다스리는 것과 같은 것이다. 그러므로 연못은
도에 비유할 수 있는 것이다.

　연못은 온갖 생명체가 살아가는 곳이다. 연못은 아무리 날카로운
것이라 하더라도 거부하지 않으며 포용하고, 딱딱하게 뭉친 흙덩이
마저 풀어헤치듯 갈등을 풀며, 빛이 연못을 비추더라도 속에 지니어
드러내지 아니하듯 자신의 재능을 감추고 세상의 온갖 티끌마저 받
아들이며 함께 작용을 하는 것처럼 이러한 포용함, 갈등을 품, 교만
하지 않음, 겸허함을 도道라고 하는 것이다.

말이 많으면
자주 궁지에 빠진다

　천지가 어질지 않으니 이로써 만물이 추구가 되고 성인이 어질지
않으니 이로써 백성이 추구가 되듯이 매사는 필요에 따르는 것이다.
천지간은 풀무와 같다. 풀무는 그 속이 비어 있더라도 바람을 일으
키는 작용을 멈추지 않고 작동하면 할수록 바람이 더욱 더 생겨나는
것처럼, 말이 많으면 자주 궁지에 빠지는 것이니 필요 없는 말은 하
지 않는 것만 못한 것이다.

天地之間, 其猶橐籥與? 虛而不屈, 動而愈出.

천지간이 과연 풀무와 같은가? 풀무는 그 속이 비어 있더라도 바람이 멈추지 않고 움직일수록 더욱 더 바람이 생겨난다.

天地不仁, 以萬物爲芻狗; 聲人不仁, 以百省〈爲芻〉狗.
天地不仁, 以萬物爲芻狗; 耶人不仁, 〈以〉百姓爲芻狗.

천지가 어질지 않으니 이로써 만물이 추구가 되고 성인이 어질지 않으니 이로써 백성이 추구가 된다.

天地〈之間〉, 其猶橐籥與? 虛而不淈, 踵而愈出. 多聞
數窮, 不若守於中.
天地之間, 其猶橐籥與? 虛而不淈動而愈出. 多聞數
窮, 不若守於中.

과연 천지사이가 풀무와 같은가? 풀무는 속이 비어 있더라도 바람을 일으키는 작용을 멈추지 않고 작동하면 할수록 바람은 더욱 더 생겨나는 것처럼, 말이 많으면 자주 궁지에 빠지는 것이니 필요 없는 말은 하지 않는 것만 못하다.

天地不仁, 以萬物爲芻狗, 聖人不仁, 以百姓爲芻狗.

天地之間, 其猶橐籥乎? 虛而不屈, 動而愈出. 多言數
窮, 不如守中.

訳文 ==

천지는 편애가 없으니 만물을 추구와 같은 모양으로 취급하며
때에 따라 맡겨서 행위 하듯이 성인도 사심이 없으니 백성을
추구와 같은 모양으로 취급하며 자연에 맡겨서 행위 하는 것
이다.

천지간은 곧 풀무 속의 공간과 같아서 공허하더라도 다하지
아니하고 움직이면 움직일수록 더욱 더 기氣가 생겨나듯이 정
령政令이 많으면 곧 패망을 초래하는 것이니, 이는 또한 허정
무위虛靜(편안함)無爲의 상태를 유지하는 것만 못한 것이다.

註·解

추구芻狗: 제사에 쓰이는 희생물을 代用하는 물건인데 짚으로 만
든 개의 모양이며 제사에 쓰이고 나면 버리는 것이다. 이것이
사용될 때에는 매우 중요하게 사용되나 쓰이고 나면 쓸모없는
것이 된다.

聲: 聖의 가차자.

省: 姓의 가차자.

탁약橐籥: 풀무를 말하는 것이다. 풀무는 대장간에서 불을 일으키는 도구인데, 바람을 내서 불을 일으키는 것이다. 풍구라고도 한다.

漏: 흐릴 굴. 다하다, 물건이 다 없어짐.

勭: 動의 음을 가차함.

兪: 愈의 가차자.

數: 자주 삭. 자주.

窮: 괴롭힘. 처리할 도리가 없음. 궁지에 빠짐.

中: 속, 내부, 중용의 도, 적당함, 마음, 심정.

'추구'란 제사를 지낼 때에는 매우 귀중한 물건이나 제사가 끝나면 버려지는 물건이다. 추구는 실질적인 물건이 아니라 짚으로 개 모양을 본 떠 만든 동물의 대용품이다. 한 번은 귀하게 사용하고 한 번은 쓸모가 없어서 미련 없이 버린다고 하는 것은 일(事)의 양면성을 나타내는 것이므로 이것은 '필요에 따르는 것'을 나타내는 것이다.

'풀무'란 사용자가 필요에 따라 바람을 일으켜서 사용하는 기구이다. 바람이 너무 세거나 너무 약하다면 필요에 의한 것이 아니다. 언어 역시 필요에 따라서 사용하는 것이 적절한 것이다. 그러므로 추구와 풀무의 쓰임새가 필요에 따르는 것처럼 언어도 필요에 따라서 적절하게 언급해야 함을 의미하는 것이다.

도道는 영구 불멸하다

　도는 죽지 않는 것이다. 이것을 '현빈'이라 하고 '현빈의 문'을 '천지의 근원'이라고 한다. 도는 머물러 쉬는 것과 같으나 이를 사용하더라도 사라지지 않는 것이다.

甲本 乙本 ▶▶▶▶▶▶▶▶▶▶▶▶▶▶▶▶▶▶▶▶▶▶▶▶▶▶▶▶▶▶▶▶▶▶▶▶

浴神〈不〉死, 是胃玄牝.

浴神不死, 是胃玄牝.

죽지 않는 곡신을 현빈이라 말하고

玄牝之門, 是胃〈天〉地之根.

玄牝之門, 是謂天地之根.

현빈의 문을 천지의 뿌리라 말한다.

縣縣呵若存, 用之不堇.

縣縣呵其若存, 用之不堇.

죽 이어져 끊이지 않는 모양으로 머물러 쉬는 것과 같으나 이를 사용하더라도 사라지지 않는다.

王本 ▶▶▶▶▶▶▶▶▶▶▶▶▶▶▶▶▶▶▶▶▶▶▶▶▶▶▶▶▶▶▶▶▶▶▶▶

谷神不死, 是謂玄牝.
玄牝之門, 是謂天地根.
縣縣若存, 用之不勤.

訳文 ==

청허清虛한 신神은 영원히 멸망하지 않으니, 이것이 곧 현빈玄牝이다.

현빈은 만물을 생육하는 곳이니 바로 천지의 근원이다.

이것은 부단하고 미세하기 때문에 마치 이미 존재하거나, 또는 존재하지 않는 것과 같으나 이것의 용도는 한도가 없는 것이다.

浴: 谷(說文通訓定聲)의 가차자. 산곡山谷(산골짜기).

谷神: 道를 의미하고 谷은 虛를 비유함.

玄牝현빈: 도가 오묘한 곳. 만물을 생장 번식하는 본원. 도를 비유함.

綿: 綿(솜 면)의 本字. '綿綿'은 '죽이어 끊이지 않는 모양, 세밀한 모양'의 의미임.

存: 安泰(史記). 止息(머물러 쉼. 後漢書)

菫(겨우 근): 僅과 통용. 僅은 勤(盡)과 같음.

제 **7** 장

(50)

천지는
영구히 변하지 아니 하다

천지는 영구히 변하지 아니 하는데, 천지가 장구할 수 있는 까닭은 자생하지 않기 때문이다. 그리하여 성인은 그 자신이 물러나 있더라도 자신이 앞서고 그 자신이 밖에 있더라도 자신이 머물러 쉬는 것과 같은 것이다. 그것이 공평하기 때문에 능히 불공평을 이루는 것이다.

天長地久. 天地之所以能〈長〉且久者, 以其不自生也.
故能長生.

天長地久. 天地之所以能長且久者, 以其不自生也, 故
能長生.

천지는 영구히 변하지 아니하는데, 천지가 장구할 수 있는 까
닭은 자생自生하지 않기 때문에 장생長生할 수 있는 것이다.

是以聲人芮其身而身先, 外其身而身存.

是以耵人退其身而身先, 外其身而身存.

그리하여 성인은 그 자신이 물러나 있더라도 자신이 앞서는
것이고, 그 자신이 밖에 있더라도 자신이 머물러 쉬는 것과
같은 것이다.

不以其无〈私〉與? 故能成其〈私〉.

不以其无私與? 故能成其私.

그것이 공평하지 않겠는가? 그러므로 불공평을 이룰 수 있는 것이다.

天長地久. 天地所以能長且久者, 以其不自生, 故能長生.
是以聖人後其身而身先, 外其身而身存.
非以其無私邪? 故能成其私.

천지는 장구히 존재하는데, 그 까닭은 장구하려고 고심하며 추구하지 않기 때문이다.

이와 같은 이유로 성인이 자신을 남의 앞에 두지 않더라도 사람들은 물러서서 그를 첫째 자리에 배열해 놓고, 성인이 자신을 마음 밖에 두고 있더라도 다른 사람이 물러서서 그가 온전하게 존재할 수 있는 것이다.

이것이 바르지 않더라도 타인이 고심하며 추구하지 않으니 사사로움이 없지 않겠는가?

그러므로 그의 사사로움은 최대한도로 성취할 수 있는 것이다.

註 · 解

天長地久: 하늘과 땅은 영구히 변하지 아니함.
自生: 저절로 생김.
聲: 聖의 가차자.
芮: 退의 가차자.
无私: 사심이 없음, 공평함.
私: 불공평, 사욕.
興: 與의 가차자이고 邪는 與임.

하늘과 땅이 장구할 수 있는 까닭은 하늘과 땅이 서로 화협하고 도우며 만물을 생육하기 때문에 천지가 장구할 수 있는 것이다. '스스로 생기지 않다'란 하늘 홀로 혹은 땅 홀로 행하는 것이 아니라 하늘과 땅이 서로 의기가 투합하여 만물을 낳고 기른다는 의미이다. 즉, 이는 남녀의 관계처럼 상대와 함께 협력해야 한다는 의미로서 임금과 백성 간, 혹은 임금과 신하 간에는 서로의 관계가 돈독해야 나라가 영구히 존재한다는 의미이다.

주고받으며 양보하고 편안한 것, 그것이 공평한 것이다. 그러므로 불공평으로서 공평을 얻는 것, 즉 이것은 누군가가 손해를 보아야 다른 사람이 이익을 보듯이 서로가 주고받는 것을 말하는 것이다.

'그 자신이 물러나 있더라도 자신이 앞서는 것이다'란 '주장하지 않으면서 주장하는 것'이라는 의미로서 어떤 일을 시킬 적에는 자신이 직접 솔선수범率先垂範함으로써 다른 사람들이 따르도록 해야 한다는 뜻이다. '그 자신이 밖에 있더라도 자신이 머물러 쉬다'란 '양보하는 것이 자신을 편안하게 하다'라는 의미로써 남과 화합하려면 자신이 먼저 양보하고 그의 마음을 얻으라는 의미이다. 그러므로 나라를 영구히 보존하려고 한다면 임금은 백성에게 물질적 풍요를 양보하고 백성의 마음을 얻는 것이다.

도는
물과 같다

도는 물과 같다. 물은 만물을 매우 이롭게 하더라도 자랑하지 않
는다. 뭇사람이 싫어하는 곳에 거처하기 때문에 도에 접근하는 것이
다. 道란, 거처는 낮은 곳을 좋아하고, 마음은 너그럽기를 좋아하
고, 무리는 지도자를 좋아하고, 언어는 믿음을 좋아하고, 정치는 다
스리기를 좋아하고, 일은 능력을 좋아하고, 움직임은 시기를 좋아하
는 것처럼 행하는 것이다. 도는 물처럼 지속적으로 작용해야 허물이
없는 것이다.

上善治水.

上善如水.

상선은 물과 같다.

水善利萬物而有靜.

水善利萬物而有爭.

물은 만물을 매우 이롭게 하더라도 자랑하지 않는다.

居衆之所惡, 故幾於道矣.

居衆人之所亞, 故幾於道矣.

뭇사람이 싫어하는 곳에서 거처하기 때문에, 도道에 접근하는
것이다.

居善地, 心善瀟, 予善, 信, 正善治, 事善能, 躂善時.

居善地, 心善淵, 予善天, 言善信, 正善治, 事善能,
動善時.

거처는 땅을 좋아하고, 마음은 연못을 좋아하고, 무리는 지도
자를 좋아하고, 언어는 믿음을 좋아하고, 정치는 다스리기를
좋아하고, 일은 능能함을 좋아하고, 움직임은 때를 좋아한다.

夫唯不靜, 故无尤.

夫唯不爭, 故无尤.

대개, (물이란) 오직 쉬지 않기 때문에 허물이 없다.

上善若水.

水善利萬物而不爭.

處衆人之所惡, 故幾於道.

居善地, 心善淵, 與善仁, 言善信, 正善治, 事善能, 動善時.

夫唯不爭, 故無尤.

訳文 ===

고상한 품덕이 있는 사람의 모습은 물과 같다.

물은 만물을 이롭게 하기를 잘 하나 뽐내지 않고 고요하다.

물은 뭇 사람들이 싫어하는 낮은 곳에 거처하기 때문에 이것
이 도에 매우 접근하는 것이다.

거처는 땅처럼 편안한 곳을 좋아하고, 마음은 연못처럼 맑고
잔잔한 것을 좋아하고, 베풂은 하늘처럼 침묵하며 무위하기를
좋아하고, 언어는 전이轉移가 발생하기를 좋아하고, 정치는
오래도록 편안하게 다스려지기를 좋아하고, 일의 처리는 능력
발휘를 좋아하고, 행동은 시기를 잘 선택하기를 좋아한다.

대개 다투지 않아야 곧 우환이 사라지는 것이다.

上善: 가장 좋은 것, 최상의 善, 道, 성인(蔣錫昌)

靜: 고요할 정. '자랑하지 않다'의 다른 표현.

治: 고문에 台는 以와 同字이며 治와 似는 同音이므로 治의 가차는 似가 된다. 을본의 如와 통행본의 若은 갑본의 似와 통용된다(帛書老子校注).

居衆之所惡, 故幾於道矣.: 을본은 人자가 있으나 갑본은 人자가 빠져 있다.

幾: 近(爾雅釋詁).

居善地: '땅에서 거처하기를 좋아하다.'란 아래로 흐르는 물의 성질을 道에 비유하여 겸허謙虛를 나타내는 것이다.

心善淵: 연못은 '포용하고, 갈등을 풀며, 재주를 감추고, 속세와 어울리며' 만물을 키우듯이 마음 속에 이러한 마음을 지니고 정치를 해야 한다는 의미이다. 통행본에서는 이것을 '정요精要는 깊이 숨기고 내보이지 않아야 하는 것'을 비유하는 것이라고 하였다.

潚: 빠를 축.

予善信: 을본에 '予(善天, 言)善信'이라 하였고, 통행본에 '與善仁, 言善信'이라 하였다. 그러므로 을본을 따른다.

予: 與와 同字이고 '무리'의 의미임.

天: '大(廣雅)', '믿고 의지하는 중요한 사물의 비유(淮南子)', 즉 '지도자'를 비유함. 따라서 '무리는 지도자를 좋아하다'라는 의미이고 '언어는 믿음을 좋아하다.'라는 의미이다.

正善治: 正은 易玄, 邢玄, 景福, 등의 數本에 모두 政이라고 하였다. 그러므로 '정치는 다스리기를 좋아하다'라는 의미이다.

事善能: '일은 능하기를 좋아하다'의 의미이다.

踵善時: 踵(발꿈치 종). 을본의 勤은 動과 끌이 비슷하다. 의미는 '때에 따라서 움직여야 하다'라는 것이다.

夫唯不靜: '대저 (물이란) 오직 쉬지 않아야 하다'란 물이 멈추면 썩듯이 도의 작용은 쉬지 않고 작용해야 한다는 의미이다.

겉으로 보기에 물은 주기만 하는 것처럼 보이나 물은 초목의 심장이 되는 것과 같이 도는 백성의 마음이 된다는 뜻이다.

천도는
자족하고 양보하는 것이다

충분한 식량을 보유하고도 곳간을 가득 채우려고 한다면 이러한 욕심은 버리는 것만 못하고, 쇠를 단련하고도 이를 날카롭게 하려고 한다면 이는 오래 보전할 수 없는 것이며, 집안에 금은보화를 가득 채우려고 한다면 이는 지키기가 어렵듯이 부귀한데도 교만하다면 이는 스스로 허물을 남기는 것이다. 그러므로 천도天道는 공을 이루고도 몸이 물러나는 것이다.

죽간甲 (20) ▶▶▶▶▶▶▶▶▶▶▶▶▶▶▶▶▶▶▶▶▶▶▶▶▶▶▶▶

持而盈之, 不不若已.

충분히 보유하고도 곳간을 가득 채우려고 한다면 이를 멈추는 것만 못하다.

湍而郡之, 不可長保也.

소용돌이치는데도 이를 잦아지게 하려 한다면 이를 오래 보전할 수 없다.

金玉盈室, 莫能守也.

집안에 금은보화를 가득 채우려 한다면 지킬 수 없는 것이다.

貴富而驕, 自遺咎也.

부귀한데도 교만하다면 스스로 허물을 남기는 것이다.

功遂身退, 天之道也.

공을 이루고도 몸이 물러나는 것이 천도이다.

甲本 乙本 ▶▶▶▶▶▶▶▶▶▶▶▶▶▶▶▶▶▶▶▶▶▶▶▶▶▶▶

植而盈之, 不〈若其已〉.

植而盈之, 不若其已.

충분히 보유하고도 곳간을 가득 채우려고 한다면 이는 멈추는 것만 못한 것이다.

〈揣而〉兌之, 〈不〉可長葆之.

揣而兌之, 不可長葆也.

쇠를 단련하고도 이를 더욱 날카롭게 하려고 한다면 이는 오래 보전할 수 없는 것이다.

金玉盈室, 莫之守也.

金玉〈盈〉室, 莫之能守也.

집안에 금은보화를 가득 채우려고 한다면 이는 지키기가 어려운 것이다.

貴富而驕, 自遺咎也.

貴富而驕, 自遺咎也.

부귀하고도 교만하다면 스스로 허물을 남기는 것이다.

功述身芮, 天〈之道也〉.

功遂身退, 天之道也.

공을 이루고도 몸이 물러나는 것이 천도이다.

王本 ▶▶▶▶▶▶▶▶▶▶▶▶▶▶▶▶▶▶▶▶▶▶▶▶▶▶▶▶▶▶▶▶▶▶▶▶

持而盈之, 不如其已.
揣而梲之, 不可長保.
金玉滿堂, 莫之能守.
富貴而驕, 自遺其咎.
功遂身退, 天之道.

힘써 가득 채우려고 도모한다면 오히려 정지하는 것만 못하고,

두드려서 더욱 예리하게 하려고 한다면 오래도록 유지할 수 없는 것이며,

집안에 금은보화가 가득 찼더라도 단단하게 지켜서 이를 흩어 지지 않게 할 수 없고,

부귀하나 남에게 교만하면 자기 스스로 화근을 남기는 것이다.

공업을 성취하더라도 다투지 않고 물러날 것을 알린다면 이것 이 천도에 부합하는 것이다.

註 · 解

植: 가질 치. 持와 의미가 통하고 '가지다, 장악하다(集韻)'의 의미임.
已: 멈출 이.
揣: 불릴 췌. 금속을 단련하다.
兌: 銳(날카로울 예)의 가차자.
葆: 더부룩이날 보. 保의 가차자.
之: 也의 誤字.
驕: 驕(교만할 교)를 따름.

현덕玄德

아무리 영혼을 조정하는 도를 지녔다 하더라도 언젠가는 죽고, 아무리 신체를 유순하게 할 수 있는 정기를 모았다 하더라도 어린아이가 될 수 없으며, 아무리 깊이 고찰하여 하자를 없앤다 하더라도 하자는 있기 마련이고, 아무리 백성을 사랑하며 나라를 다스린다 하더라도 지혜를 사용할 수밖에 없으며, 아무리 천문을 여닫는 신출귀몰한 재능을 지녔다 하더라도 남자는 여자가 될 수 없는 것이니 아무리 치도治道가 구석구석까지 명백하게 미친다 하더라도 그것은 지혜일 수밖에 없는 것이다. 그러므로 도는 만물을 낳고 기르면서 낳더라도 소유하지 않고 기르더라도 주관하지 않는 것이니 이것을 '자연무위의 덕성' 즉, 玄德이라고 하는 것이다.

〈載營柏抱一, 能毋離乎〉?

載營柏抱一, 能毋离乎?

도를 지니고 영혼을 받든다 하여 영혼이 떠나지 않겠는가?

〈摶氣致柔〉, 能嬰兒乎?

摶氣至柔, 能嬰兒乎?

정기를 모아 신체를 유순하게 한다 하여 어린아이가 되겠는가?

脩除玄藍, 能毋疵乎?

脩除玄藍, 能毋有疵乎?

깊이 고찰하고 하자를 제거한다 하여 하자가 없겠는가?

〈愛民治國, 能毋以知乎〉?

愛民栝國, 能毋以知乎?

백성을 사랑하며 나라를 다스린다 하여 지혜가 아니겠는가?

〈天門啓闔, 能爲雌乎〉?

天門啓闔, 能爲雌乎?

천문을 열고 닫는다 하여 암컷이 되겠는가?

〈明白四達, 能毋以知乎〉?

明白四達, 能毋以知乎?

治道가 구석구석까지 명백하게 미친다 하여 지혜가 아니겠는가?

生之畜之, 生而弗〈有, 長而弗宰也, 是胃玄〉德.

生之畜之, 生而弗有, 長而弗宰也, 是胃玄德.

도가 만물을 낳고 기르면서 낳더라도 소유하지 않고 기르더라도
주관하지 않으니 이것을 자연무위의 덕성이라고 하는 것이다.

王本 ▶▶▶

載營魄抱一, 能無離乎?
專氣致柔, 能嬰兒乎?
滌除玄覽, 能無疵乎?
愛民治國, 能無知乎?
天門開闔, 能爲雌乎?
明白四達, 能無爲乎?
生之畜之, 生而不有, 爲而不恃, 長而不宰. 是謂玄德.

訳文 ═══

정신과 신체가 서로 지키며 합일한다 하여 정신이 신체로부터
벗어날 수 없겠는가?

정기를 모아서 부드럽고 연약함에 이른다 하여 어린아이의 경
계境界에 도달할 수 있겠는가?

심경心境을 철저히 제거하고 되비치며 자신을 본다 하여 그것
이 한 올 잡티가 없을 수 있겠는가?

애민치국愛民治國한다 하여 슬기롭고 기민함을 사용하지 않을

수 있겠는가?

감각기관을 운용한다 하여 고요함을 지킬 수 있겠는가?

사방을 통달한다 하여 무위無爲할 수 있겠는가?

훌륭하게 마음을 닦으면 이것이 곧 지극한 덕이 되는 것이다.

註·解

柏: 백魄의 가차자.

离: 도깨비 리. 離의 同字.

營魄: 정신과 신체.

抱一: 도를 몸에 지니고 지킴.

載: 잘 앎. 지혜가 있음(詩經).

摶: 칠 단. 專과 同字. 專氣致柔는 '정기를 모아서 신체를 유순하게 하다'의 의미이다.

嬰: 갓난아이 영.

脩: 포 수. 수脩와 척滌(닦을 척)은 음이 같고 성부聲符가 같으며 의미가 같다.

滌除척제: 제거하다.

藍: 감鑒의 가차자.

鑒: 심오한 고찰. 玄覽은 '사물의 진상을 통견함'의 의미임.

栝: 틀이름 괄. 휜 물건을 바로잡는 틀.

知: 智와 같다.

啓: 왕본의 開와 다른 이유는 한나라 경제景帝의 이름자(劉啓)를 피하기 위한 것이라고 한다.

雌: 암컷 자. '암컷'은 '만물을 낳는 본원'을 말함.

四達: 구석구석까지 미침.

以: 用과 같음.

弗: 不의 강한 부정.

宰: 주재하다.

玄德: 자연무위의 덕성.

유有는 이로움이고
무無는 쓰임새이다

수레의 바퀴는 삼십 개의 살이 이루고 있으나 그 쓰임새는 바퀴의 빈 공간이고, 질그릇은 찰흙을 이겨서 만들었으나 그 쓰임새는 질그릇의 빈 공간이며, 방문은 문틀로 이루어졌으나 그 쓰임새는 방문의 빈 공간이듯이 有(물질)는 이로움이 되고 無(공간)는 쓰임새가 되는 것이다.

卅〈輻同一轂，當〉其〈无，有車之用也〉.

卅楅同一轂，當其无，有車之用也.

삼십 개의 바퀴살이 바퀴통과 함께한다 하더라도 그 수레의 쓰임새는 바퀴 중간에 비어 있는 공간이다.

〈撚〉埴爲器，當其无，有埴〈之用也〉.

埴爲器，當其无，有埴之用也.

찰흙을 이겨서 질그릇을 만든다 하더라도 그 질그릇의 쓰임새는 질그릇 중간에 비어 있는 공간이다.

〈鑿戶牖，當其无〉，有〈室之〉用也.

鑿戶牖，當其无，有室之用也.

지게문을 냄으로써 방이 된다 하더라도 그 방의 쓰임새는 문의 비어 있는 공간이다.

故有之以爲利，无之以爲用.

故有之以爲利，无之以爲用.

그러므로 유有는 이로움이고 무無는 쓰임새이다.

三十輻共一轂，當其無，有車之用.
埏埴以爲器，當其無. 有器之用.
鑿戶牖以爲室，當其無，有室之用.

故有之以爲利, 無之以爲用.

삼십 개의 바퀴살로 되어 있는 수레는 바로 수레바퀴 중간에
비어 있는 곳이 있기 때문에 곧 수레의 작용이 있는 것이고,

흙을 구워서 만든 그릇은 거기에 빈 공간이 있기 때문에 곧
그릇의 효용이 있는 것이며,

창문을 내고 문을 세워서 방을 만드는 것은 바로 방에 빈 공
간이 있기 때문에 곧 방의 가치가 있는 것이다.

그러므로 '有'는 쓰임이 있는 것이고, '無' 역시 쓰임이 있는
것이다.

註·解

卅: 서른 삽.
輻: 바퀴살 복.
楅: 살그릇 복[을본].
轂: 바퀴통 곡.
撚: 꼴 년. 비비어 꼼. 불길이 소용돌이치듯 '손으로 비벼 꼬다'의 뜻
埏: 이길 선. 흙을 반죽하다(荀子).

삼십 개의 바퀴살이 온통 바퀴를 구성하고 있으나 바퀴의 효용은 수레의 몸체를 지면으로부터 뜨게 하는 공간이다.

그러므로 노자는 바퀴가 수레의 몸체를 땅으로부터 '중간을 뜨게 하는 공간' 즉, '无'를 강조하며 '有'는 '無'를 존재하게 하는 것임을 강변하고 있다. 그러므로 관리(有)는 임금의 정치(无)를 위해 행동한다는 것이다.

질그릇도 마찬가지이다. 질그릇은 온통 찰흙이 구성하고 있으나 질그릇의 효용은 바로 질그릇의 '중간에 비어 있는 공간', 즉 '无'이고 이 '无'는 '有'에 의해 존재하는 것이다.

방은 출입구와 들창을 내야 방의 가치가 형성된다. 이때 출입구와 들창의 쓰임새는 바로 비어 있는 공간이다. 즉, 공간으로서 '无'의 개념을 도입하려는 것이고 아울러 '有'의 이로움을 간과看過(대충 보아 넘김)하지 않고 있다.

바퀴, 질그릇, 문은 유형有形으로써 이로움이 되고, 바퀴의 '뜨게 하는 공간', 질그릇의 '빈 공간', 문의 '트인 공간'은 바로 무형 无形으로써 효용이 되는 것이다. 이렇듯 무无만을 주장한 것이 아니라 유有가 있어야 무无가 존재할 수 있음도 보여 주며 관리(有)는 임금(无)의 정치를 시행하기 위해 작용해야 한다는 것을 설명하는 것이다.

제 **12** 장

(55)

허상을 버리고
실질을 추구하라

사치는 사람의 눈을 멀게 하고, 선동은 사람의 마음을 발광케 하며, 물욕物慾은 사람의 행동을 거스르게 하고, 유혹은 사람의 생각을 거짓되게 하며, 학문은 사람의 판단을 흐리게 하는 것이다. 그리하여 성인의 정치는 배를 부르게 하더라도 눈으로 보게 하지 않는 것이다. 그러므로 눈으로 보게 하는 것(허상)을 버리고 배가 부른 것(실질)을 취하게 하는 것이다.

五色使人目明,

五色使人目盲,

오색은 사람의 눈을 멀게 하고

馳騁田獵使人〈心發狂,〉

馳騁田獵使人心發狂,

말을 빨리 몰며 사냥하는 것은 사람의 마음을 발광케 하고

難得之(貨)使人之行方,

難得之貨使人之行仿,

얻기 어려운 재화는 사람의 행동을 거스르게 하고

五味使人之口哺,

五味使人之口爽,

오미는 사람의 입을 썩게 하고

五音使人之耳聾.

五音使人之耳〈聾〉.

오음은 사람의 귀를 먹게 한다.

是以聲人之治也, 爲腹不〈爲目〉.

是以取人之治也, 爲腹而不爲目.

그리하여 성인의 정치는 배를 부르게 하더라도 눈으로 보게 하지 않는 것이다.

故去罷耳此.

故去彼而取此.

그러므로 이것(눈으로 보는 것. 허상)을 버리고 저것(배가 부른 것. 실질)을 취하는 것이다.

王本 ▶▶▶▶▶▶▶▶▶▶▶▶▶▶▶▶▶▶▶▶▶▶▶▶▶▶▶▶▶▶▶▶

五色令人目盲,

五音令人耳聾,

五味令人口爽,

馳騁田獵令人心發狂,

難得之貨令人行妨.

是以聖人爲腹不爲目.

故去彼取此.

訳文 ==

눈부신 안색은 사람으로 하여금 눈을 어지럽게 하고,

섬세하고 아름다운 맛은 사람으로 하여금 맛을 모르게 하며,

감동적인 음악은 사람으로 하여금 귀를 상하게 하고,

말을 타고 수렵하는 것은 사람으로 하여금 평온한 심신心神을 진동케 하며,

희귀한 보물은 사람으로 하여금 부당하게 행위 하도록 한다.

까닭에 성인의 치세방법은 곧 사람으로 하여금 단지 배를 부

르게 할 뿐이며, 성聲, 향香, 색色, 미味를 추구하지 못하게
하는 것이다.

그러므로 성聲, 향香, 색色, 미味의 후자를 포기한 자가 배부
름의 전자를 취하는 것이다.

註·解

馳騁: 말달릴 치, 달릴 빙. 말을 빨리 몲, 사냥함.	
臘: 납향 랍. 獵(사냥 렵)의 가차자.	
畋: 사냥할 전.	
田獵: 사냥.	
方: 거스를 방(갑본).	
仿: 배회할 방(을본).	
妨: 상할 방(왕본).	
聲: 聖의 가차자.	
啩: 상爽(상하게 하다)의 가차자.	
罷: 彼의 가차자.	
耳: 取의 誤字.	

제 **13** 장

(56)

자신을 버리고
사랑으로 실천하라

인간에게 있어서 총애나 욕됨은 놀라움과 같고 귀함이나 큰 걱정은 자신과 같은 것이다. 그 이유로서, 총애는 이를 얻으면 잃지나 않을까 하며 전전긍긍하고 이를 잃으면 욕됨이 되기 때문에 총애나 욕됨을 놀라움과 같다고 하고 하류下流라고 하는 것이다. 또한 귀함(명예 혹은 출세)은 자신만을 위하는 것이니 자신을 버린다면 귀함을 지킬 수 있으나 자신을 버리지 못한다면 귀함이 사라질 뿐만 아니라 크게 걱정할 수 있기 때문에 귀함이나 큰 걱정을 자신과 같다고 하는 것이다. 그러므로 자신을 버릴 수 있다면 천하는 그에게 의탁할 수 있고, 천하를 사랑으로써 대할 수 있다면 천하는 그에게 의지할 수 있는 것이다.

죽간乙 (4) ▶▶▶▶▶▶▶▶▶▶▶▶▶▶▶▶▶▶▶▶▶▶▶▶▶▶▶▶

人寵辱若驚, 貴大患若身.

사람에게 있어서 총애나 욕됨은 놀라움과 같고 귀함이나 큰
걱정은 자신과 같은 것이다.

何謂寵辱? 寵爲下也, 得之若驚, 失之若驚, 是謂寵辱若驚.

총애나 욕됨을 무엇이라고 하는가? 총애는 하류가 되기 때문
에 이를 얻더라도 놀람과 같고 이를 잃더라도 놀람과 같아서
총애나 욕됨을 놀람과 같다고 하는 것이다.

何謂貴大患若身? 吾所以又大患者, 爲吾又身. 及吾亡身,
或何又患.

귀함이나 큰 걱정을 어찌하여 봄과 같다고 하는가? 나에게 큰
걱정이 있는 까닭은 나를 위해 몸이 있기 때문이니 나를 위해
몸이 없다면 어찌 걱정이 있겠는가?

故貴以身爲天下, 若可以託天下矣.

그러므로 귀함으로써 자신이 천하가 된다면 천하는 그에게 의
탁할 수 있고,

愛以身爲天下, 若可以寄天下矣.

사랑으로써 자신이 천하가 된다면 천하는 그에게 의지할 수
있는 것이다.

甲本 乙本 ▶▶▶▶▶▶▶▶▶▶▶▶▶▶▶▶▶▶▶▶▶▶▶▶▶▶▶

龍辱若驚, 貴大梡若身.

弄辱若驚, 貴大患若身.

총애나 모욕은 놀라움과 같고 귀함이나 큰 걱정은 자신과 같
은 것이다.

苟胃龍辱若驚? 龍之爲下, 得之若驚, 失〈之〉若驚, 是
胃龍辱若驚.

何胃弄辱若驚? 弄之爲下, 得之若驚, 失之若驚, 是胃
弄辱若驚.

왜 총애나 모욕을 놀라움과 같다고 하는가? 총애는 하류下流
가 되기 때문이니 이를 얻더라도 놀라움과 같고 이를 잃더라
도 놀라움과 같으므로 총애나 모욕을 놀라움과 같다고 하는
것이다.

何胃貴大梡若身? 吾所以有大梡者, 爲吾有身也; 及吾
无身, 有何梡?

何胃貴大梡若身? 吾所以有大患者, 爲吾有身也; 及吾
無身, 有何患?

왜 귀함과 큰 걱정을 몸과 같다고 하는가? 나에게 큰 걱정이
있는 까닭은 나를 위해 몸이 있기 때문이니 나와 더불어 몸이
없다면 어찌 나에게 걱정이 있겠는가?

故貴爲身於爲天下, 若可以迊天下矣;

故貴爲身於爲天下, 若可以橐天下矣;

그러므로 자신을 위한 귀함보다는 천하를 위한 귀함이 되어야
천하가 그대에게 의탁할 수 있고

愛以身爲天下, 女可以寄天下.

愛以身爲天下, 女可以寄天下.

사랑으로써 자신이 천하가 되어야 천하는 그대에게 위임할 수
있는 것이다

寵辱若驚, 貴大患若身.

何謂寵辱若驚? 寵爲下, 得之若驚, 失之若驚, 是謂寵辱若驚.

何謂貴大患若身? 吾所以有大患者, 爲吾有身; 及吾無身, 吾有何患!

故貴以身爲天下, 若可寄天下;

愛以身爲天下, 若可託天下.

訳文 ==

총애를 얻거나 욕됨을 당하는 것은 모두 사람들에게 두려움을 야기하기 때문에 자신의 상像을 망각하는 것이 큰 환란을 버리는 것과 같은 것이다.

왜 총애와 욕됨을 두려움과 같다고 하는가? 이것을 얻는 것과는 상관없이 모두 두려움을 낳고, 이것을 잃는 것과는 상관없이 또한 두려움을 낳기 때문에 곧 이 총애와 욕됨을 두려움과 같다고 부르는 것이다. 볼 수 있다면 총애는 모두 영광을 얻을 가치가 없는 것이다.

왜 자신의 상을 망각하는 것이 큰 환란의 모양을 버리는 것이라고 하는가? 이것은 나로 하여금 환란이 있기 때문이며, 나로 하여금 하나의 신체가 있음으로써 이를 중히 여기기 때문이다. 만약 내가 나의 신체를 망각한다면 이것이 어찌 환란이 되겠는가?

그러므로 자신을 천하와 대비하여 타인을 중하게 볼 수 있다

면 이것은 천하가 타인에게 위탁하여 다스릴 수 있는 것이고,

자신을 천하와 대비하여 또 다시 타인을 애석해 할 수 있다면
이것은 타인에게 맡겨서 다스릴 수 있는 것이다.

註·解

龍과 弄: 寵의 가차자.
棺: 도마 관. 患의 가차자.
寵辱: 명예와 모욕.
之: 寵辱을 가리킴.
吾: 자기의식, 자기의 존재, 우리, 친하지 않은 모양. 추상적 개념의 '나'.
身: 신체, 자기 몸, 몸소, 친히. 실천적 개념의 '나'.
貴: 높은 지위.
若: 너.
託(迀. 갑본).
橐(풀무 탁, 을본).
寄: 부쳐있을 기. 위임하다, 의탁하다, 임무.

명예(총애)와 모욕, 높은 지위와 대환大患은 모두 상대적 개념이
다. 명예를 추구하지 않으면 모욕도 없고 높은 지위를 바라지 않으
면 대환도 없다는 뜻이다. 명예는 하류이기 때문에 이를 얻거나 잃

더라도 근심걱정이 되므로 놀라움과 같다고 한 것이다. 이렇듯 명예나 높은 지위를 얻으려고 한다면 오히려 모욕과 대환을 얻는다는 의미이다. 그리하여 자신을 위해 정치를 한다면 오히려 모욕을 당하고 큰 걱정이 되나, 백성을 위해 정치를 한다면 명예와 높은 지위를 유지할 수 있다는 것이다. 그러므로 자신을 위한 정치가 아니라 천하를 위한 정치를 한다면 천하는 임금에게 자신들을 의탁할 수 있고, 사랑이 담긴 정치라야 천하는 임금에게 정치를 위임할 수 있다는 뜻이다.

고대의 본원이
도의 규율이다

도는 정묘精妙하여 보더라도 보지 못하는 것이고, 희소稀少하여
듣더라도 듣지 못하는 것이며, 평탄平坦하여 쥐더라도 얻지 못하는
것과 같은 것이다. 이 세 가지는 더할 나위 없이 헤아릴 수 없더라
도 합쳐서 하나(一)가 되는 것이다. 하나(즉 道)는 그 위가 아득하
지 않고 그 아래가 다하지 않는 것이어서 깊이 생각해 보지만 이름
을 붙일 수 없더라도 이는 道에 복귀하는 것이다. 이것을 무상無狀
의 상태라 하는 것이니 무물無物(道)의 상이란 도가 황홀한 모양을
말하는 것이다. 도를 따르더라도 그 결과에 개의치 않고 도를 만나
더라도 그 장점만을 보지 않으며 지금의 도를 주장하고 현재의 소유
를 다스린다면 고대의 본원(부족사회. 이를 이상향이라 여긴 것 같
음)을 알게 될 것이다. 이것을 도의 규율이라고 하는 것이다.

視之而弗見, 名之曰微.

視之而弗見, 〈命〉之曰微.

도道를 보더라도 보지 못하는 것을 정묘精妙라 하고

聽之而弗聞, 名之曰希.

聽之而弗聞, 命之曰希.

도道를 듣더라도 듣지 못하는 것을 희소稀少라 하고

扙之而弗得, 名之曰夷.

扙之而弗得, 命之曰夷.

도道를 쥐더라도 얻지 못하는 것을 평탄平坦이라 한다.

三者不可至計, 故混〈而爲一〉. 一者, 其上不攸, 其下不忽. 尋尋呵不可名也, 復歸於无物.

三者不可至計, 故混而爲一. 一者, 其上不謬, 其下不忽. 尋尋呵不可命也, 復歸於无物.

세 가지는 더할 나위 없이 헤아릴 수가 없더라도 합쳐서 하나(一)가 되는 것이다. 하나(一, 즉 道)는 그 위가 아득하지 않고 그 아래가 다하지 않는 것이어서 깊이 생각해보더라도 이름을 붙일 수가 없으나 무물無物(道)에 복귀하는 것이다.

是胃无狀之狀, 无物之〈象, 是謂忽恍〉.

是胃无狀之狀, 无物之象, 是胃沕望.

이것은 무상無狀의 상태를 말하는 것이니 무물無物의 상象이란 황홀한 모양을 말하는 것이다.

〈隨而不見其後, 迎〉而不見其首. 執今之道, 以御今之
有, 以知古始, 是胃〈道紀〉.

隨而不見其後, 迎而不見其首. 執今之道, 以御今之
有, 以知古始, 是胃道紀.

따르더라도 그 뒤를 생각하지 않고 맞이하더라도 그 머리를
생각하지 않으며 지금의 도를 주장하고 현재의 소유를 다스린
다면 고대의 본원을 알게 될 것이다. 이것을 도道의 규율이라
고 한다.

王本 ▶▶▶▶▶▶▶▶▶▶▶▶▶▶▶▶▶▶▶▶▶▶▶▶▶▶▶▶▶▶▶▶

視之不見名曰夷,

聽之不聞名曰希,

搏之不得名曰微.

此三者不可致詰, 故混而爲一. 其上不皦, 其下不昧,
繩繩不可名, 復歸于無物.

是謂無狀之狀, 無物之象, 是謂惚恍.

迎之不見其首, 隨之不見其後. 執古之道, 以御令之有,
能知古始, 是謂道紀.

訳文 ==

도는 볼 수가 없으니 이것을 곧 '미'라 부르고,

도는 들을 수가 없으니 이것을 곧 '희'라 부르며,

도는 쓰다듬을 수가 없으니 이것을 곧 '이'라 부른다.

이 세 가지는 사려思慮할 수 없는 것이지만, 다른 것들이 이것

과 혼연渾然하여 하나가 되는 것이다. 혼돈하여 하나가 되기 때문에 이것의 상부上部는 공허하지 않고, 이것의 하부는 무물無物하지 않은 것이다. 이것은 다할 수도 없고 설명으로써 나타낼 수도 없는 것이다.

이 상象은 무물無物과 같은 모양이니 이것은 곧 형상이 없는 형상이라고 부르고, 형태가 없는 형태라고 부르며, 이것은 곧 황홀하다고 부르는 것이다.

이것을 따르면 이것의 후미를 볼 수 없고, 이것을 맞이하면 또 이것의 머리를 볼 수 없는 것이다. 이와 같은 도를 장악하여 당세當世를 다스리는데 사용하고, 또한 고시古始를 연구하여 사용할 수 있으면 이것이 곧 도가 되는 것이다.

註·解

微: 정묘精妙(섬세하고 교묘하다).

希: 희소稀少(드물다).

夷: 평탄平坦(지면이 평평함).

抆: 닦을 문. 摶(쥘 전)의 가차자.

搏: 칠 박. 움켜 쥠. 摶(쥘 전)의 오자誤字.

至: 극진한 데까지 이름, 더할 나위 없이.

計: 헤아리다.

混: 합치다, 합동하게 함.

一: 도의 작용.	
詰: 꾸짖을 힐. 대답을 구하다.	
佽: 유悠(아득하다, 마음에 오래 느껴지다)의 가차자.	
忽恍: 다하다. 惚恍은 '황홀한 모양'의 의미이다.	
尋: 이치의 실마리를 찾아내다.	
无物: 내용이 없다. 道의 형태를 비유하여 표현한 것.	
皦: 흴 교.	
道紀: 도의 규율.	

도를 따르더라도 결과에 대해 집착하지 않고 도를 받아들이더라도 도의 요체要諦(중요한 깨달음)를 얻어야 하는 것이다.

도는 볼 수가 없고 들을 수가 없으며 취할 수가 없으니 헤아릴 수도 없으나, 본래는 이와 같은 것들이 섞여서 도의 작용(一)이 되는 것이다. 도의 작용이란 어디에도 구애받지 않으므로 깊이 생각해 보더라도 이름을 붙일 수가 없지만, 도의 작용은 무물无物(道)에 복귀하는 것이다. 이것을 무상의 상태라 하는 것이니, 또한 무물의 상이란 이것이 황홀한 모양을 말하는 것이다. 도의 작용을 따르더라도 도의 작용에 집착하지 않고 도의 작용에 순응하며 도의 작용에 대한 미래를 기다려 맞이하더라도 사물의 시작에 연연하지 않고 현재의 도道와 소유所有를 다스릴 뿐이다. 그러므로 도로써 현재만을 다스린다면 과거나 미래를 생각하지 않더라도 과거에 이상적으로 지켜졌던 도의 근원임을 알게 될 것이고 이로 인해 미래도 걱정할 것이 없는, 이것을 도기道紀라고 하는 것이다.

자만하지 않아야
도를 보전한다

옛날에는 착함이 도가 되었는데, 통달함이 미묘하였으나 매우 오래 되었기 때문에 이를 기록할 수가 없었다. 대개 오직 기록할 수 없었기 때문에 지금에야 억지로 도를 형용하여 "겨울에 물을 건너는 것처럼 미리 준비하는 모양이고, 이웃을 두려워하는 것처럼 꾀하는 모양이고, 손님처럼 점잖고 엄숙한 모양이고, 두껍게 언 얼음이 녹는 것처럼 소리 없이 물러서는 모양이고, 순박함처럼 어리석은 모양이고, 혼탁함처럼 혼돈한 모양이고, 계곡처럼 넓고 먼 모양이다."라고 하였다. 혼탁함은 움직이지 않아야 서서히 맑아지고 여자는 소녀가 성장해야 서서히 시집갈 수 있는 것처럼 이 도를 보전하려고 한다면 서서히 기다리며 자만하지 않아야 한다. 대저 오직 자만하지 않으려고 한다면 도를 숨기고 공업도 성취하지 않아야 하는 것이다.

長古之善爲士者, 必微妙玄達, 深不可志.
태고에는 선善이 관직이 되었는데, 반드시 미묘하게 통달하였으나 매우 오래 되어서 기록할 수가 없었다.

是以爲之容; 豫乎, 其如冬涉川, 猶乎, 其如畏四隣, 儼乎, 其如客, 渙乎, 其如釋, 敦乎, 其如樸, 混乎, 其如濁.
그래서 이를 형용하여 "겨울에 시내를 건너는 것처럼 미리 준비하는 모양이고, 사방의 이웃을 두려워하는 것처럼 꾀하는 모양이고, 손님처럼 점잖고 엄숙한 모양이고, 적빙積氷이 녹는 것처럼 녹아 없어지는 모양이고, 순박함처럼 돈독한 모양이고, 탁함처럼 흐린 모양이다."라고 하였다.

竺能濁以靜者, 將徐清. 竺能安以動者, 將徐生.
혼탁함은 고요해야 장차 서서히 맑아지고, 편안함은 움직여야 장차 서서히 생겨나는 것이다.

保此道者, 不欲尚呈.
이 도를 보전하려는 자는 드러내어 자랑하려고 하지 않는다.

〈古之善爲道者, 微妙玄達〉, 深不可志.

古之善爲道者, 微眇玄達, 深不可志.

옛날에는 선善이 도가 되었는데, 통달함이 미묘하였으나 매우 오래 되어 기록할 수 없었다.

夫唯不可志, 故强爲之容, 曰, 與呵其若冬〈涉水, 猶呵其若〉畏四〈隣, 嚴呵〉其若客, 渙呵其若凌澤. (沌)呵其若樸, 渚〈呵其若濁〉, 〈曠呵其〉若浴.

夫唯不可志, 故强爲之容, 曰, '與呵其若冬涉水, 猶呵其若畏四〈隣, 嚴呵〉其若客. 渙呵其若凌澤, 沌呵其若樸. 渚呵其若濁. 曠呵其若浴.'

대개 오직 기록할 수가 없었기 때문에 억지로 형용한다면, "겨울에 물을 건너는 것처럼 미리 준비하는 모양이고, 사방의 이웃을 두려워하는 것처럼 꾀하는 모양이고, 손님처럼 점잖고 엄숙한 모양이고, 적빙積氷이 녹는 것처럼 녹아 없어지는 모양이고, 순박함처럼 어리석은 모양이고, 혼탁함처럼 혼돈한 모양이고, 계곡처럼 넓고 먼 모양이다."라고 하였다.

濁而情之余清. 女以重之余生, 葆此道不欲盈.

濁而靜之徐清, 女以重之徐生, 葆此道〈不〉欲盈.

혼탁한 물은 움직이지 않아야 서서히 맑아지고, 여자는 계집 아이가 서서히 성장하여 시집가는 것처럼 이 도를 보전하려고 한다면 서서히 기다리며 자만하지 않아야 하는 것이다.

夫唯不〈欲盈, 是以能敝而不〉成.

是以能敝而不成.

대저 오직 자만하지 않으려고 한다면 도를 숨기고 功業도 성취하지 않아야 하는 것이다.

古之善爲士者, 微妙玄通, 深不可識.

夫唯不可識, 故强爲之容. "豫焉若冬涉川, 猶兮若畏四隣, 儼兮其若客, 渙兮若氷之將釋, 敦兮其若樸, 曠兮其若谷, 混兮其若濁."

孰能濁以靜之除淸, 孰能安以久動之除生, 保此道者不欲盈,

夫唯不盈, 故能蔽不新成.

訳文 ═══

고대에, 도에 종사하기를 잘하는 사람은 미약하고 현묘하며 매우 심오하여 인식할 수가 없었으니 바로 인식할 수 없었기 때문에 그의 모습을 억지로 묘사해 본다면 다음과 같다.

"그의 모양은 반복하며 고려하는 모양이니 마치 겨울에 물 아래로 지나는 것과 같고, 근신하는 모양은 마치 주위가 공세를 취하고 있는 것처럼 무서워하는 것과 같으며, 장엄하게 공경하는 모양은 마치 손님과 같고, 마음을 살피는 모양은 마치 얼음의 빛과 같으며, 소박한 모양은 마치 아직 새겨서 장식하지 않은 나무 조각과 같고, 혼연한 모양은 마치 흐린 물과 같은 모양이며, 광대하고 편안한 모양은 마치 텅 비고 넓은 산의 계곡과 같은 모양이다."

혼탁한 물은 그로 하여금 아래로 흐르는 것을 정지하면 서서히 곧 맑아지고, 정지한 물건은 그로 하여금 운동을 야기하면 서서히 곧 그로 하여금 생기를 발생하게 한다.

이와 같이 도를 지키는 사람은 가득 채울 것을 바라지 않으니
이로 인해 그는 가득 채우지 않으므로 치우치지 않을 수 있고
영원히 다하지 않는 것이다.

註·解

眇: 애꾸눈 묘. 妙의 가차자.
微妙: 정미하고 현묘하다.
玄達: 통달通達.
志: 기록하다.
强: 억지로.
容: 형용하다.
其: 此(善爲道者)와 같음.
水: 川과 뜻이 같음.
猶: 유예猶豫(의심하여 결정하지 않는 모양).
與: 豫와 통(老子)함.
呵: 감탄사.
嚴: 儼(점잖고 엄숙한 모양)과 통(詩經)함.
四: 사방.
澤: 釋의 가차자.
凌: 적빙積氷.

沌:	어리석을 돈. 우매한 모양.
湆:	渾(흐릴 혼)의 가차자.
浴:	谷의 가차자.
曠:	빌 광. 넓고 멂.
女:	시집보내다(書經).
重:	동동(십오 세 전후의 남녀)과 同字(禮記).
葆:	더부룩이날 보. 保의 가차자.
盈:	자만.
蔽:	가릴 폐. 숨기다, 이치에 어두운 일, 가로막아 보호함.
敝:	가릴 폐. 蔽와 통용.

    도는 겨울에 물을 건너는 것처럼 살펴서 미리 준비하는 모양이고, 사방의 이웃을 두려워하는 것처럼 조심스럽게 꾀하는 모양이고, 손님처럼 점잖고 엄숙한 모양이고, 적빙이 녹는 것처럼 때가 되면 조용히 물러나는 모양이고, 순박함처럼 어리석은 모양이고, 혼탁함처럼 흐린 모양이고, 계곡처럼 넓고 먼 모양이다.

    흐린 물은 움직이지 않고 조용히 있어야 서서히 맑아지듯이 무위의 정치를 시행해야 하고, 여자가 시집을 가서 제 구실을 하려고 한다면 계집아이가 서서히 성장한 연후에야 가능하듯이 도는 여자처럼 서서히 기다리는 것과 같은 것이다. 이 도를 시행하고 보전하려고 한다면 무위를 시행하면서 자만하지 않아야 하는데, 오직 자만하지 않으려고 한다면 도를 숨기고 공업도 성취하지 않아야 하는 것이다.

사물의
항구하고 규율된 규범을 아는 것이
도이다

무욕이 근본에 이르고 무위가 돈독함을 지켜야 만물이 널리 생장
하는 것이니, 나는 그 끝맺는 도를 좇으며 관찰한다. 대개, 매우 많
은 모양의 사물이라 하더라도 각각은 그 근본에 복귀한다. 근본에 복
귀하는 것을 정적이라 하고 정적은 복명이라 하며 복명은 상常이라
한다. 상常을 아는 것을 명明이라고 하는 것이니 상을 모른다면 많은
모양이 흉할 것이다. 상을 아는 것을 용容이라 하는 것이니 용은 바
로 공公이고, 공은 바로 왕이고, 왕은 바로 하늘이고, 하늘은 바로
도이고, 도는 바로 장구함이라야 종신토록 위태롭지 않은 것이다.

至虛, 恒也.
지극히 공허해야 항구하고

守中, 篤也.
치우치지 않은 순정純正의 덕을 지켜야 돈독하다.

萬物旁作, 居以須復也.
만물이 널리 생장하려면 멈춤으로써 모름지기 회복해야 하는 것이니

天道員員, 各復其根.
천도가 매우 많은 모양이라 하더라도 각각은 그 근본으로 복
귀하는 것이다.

甲本 乙本 ▶▶▶▶▶▶▶▶▶▶▶▶▶▶▶▶▶▶▶▶▶▶▶▶▶▶▶▶▶▶▶▶▶▶▶

至虛極也, 守情表也, 萬物旁作, 吾以觀其復也.
至虛極也, 守靜督也, 萬物旁作, 吾以觀其復也.
무욕無欲이 근본(極)에 이르고, 무위無爲가 돈독함을 지켜야 만물이
널리 생장하는 것이니, 나는 그 끝맺는 도를 관찰하며 좇는다.

天物雲雲, 各復歸於其〈根. 歸根曰情〉, 靜, 是胃復命.
復命常也, 知常明也; 不知常, 芒, 芒作, 兇.
天物耘耘, 各復歸於其根. 曰靜, 靜, 是胃復命. 復命
常也, 知常明也, 不知常, 芒, 芒作, 兇.
대개, 매우 많은 모양의 사물이라 하더라도 각각은 그 근본에
복귀하는 것이니 근본에 복귀하는 것을 정적이라 하고, 정적
靜寂은 "성명性命(타고난 성질)의 근본으로 돌아가는 것(復命)"

이라 하고, 복명復命은 "사물운동의 항구한 규율(常)"이라 하
는 것이다. 상常을 아는 것은 "밝음(明)"이라 하는 것이니 상
常을 모른다면 많은 모양이 흉이 될 것이다.

知常容, 容乃公, 公乃王, 王乃天, 天乃道, 〈道乃久〉,
沕身不怠.

知常容, 容乃公, 公乃王, 〈王乃〉天, 天乃道, 道乃〈久〉,
沒身不殆.

상을 아는 것을 용容(모범)이라 하니 모범은 바로 제후(公)이
고, 제후(公)는 바로 왕이고, 왕은 바로 하늘이고, 하늘은 바
로 道이고, 도는 바로 영구함(久)이어야 끝까지(終身) 위태롭
지 않다.

王本 ▶▶▶▶▶▶▶▶▶▶▶▶▶▶▶▶▶▶▶▶▶▶▶▶▶▶▶▶▶▶▶▶▶▶▶▶

致虛極, 守靜篤. 萬物幷作, 吾以觀復.
夫物芸芸, 各復歸其根. 歸根曰靜; 是謂復命. 復命曰
常, 知常曰明; 不知常, 妄作, 凶.
知常容, 容乃公, 公乃王, 王乃天, 天乃道, 道乃久, 沒
身不殆.

訳文 ==

텅 비고 고요한 극단에 도달하여 텅 비고 고요하게 절조를 지
켜야 만물이 모두 생장하는 것이니 나는 이로써 그들의 순환
을 관찰한다.

만물이 모두 운행하여 그들의 근본으로 되돌아오면 이것이 곧

정靜이다. 정은 곧 본성을 회복하는 것이니 정靜으로 되돌아오면 곧 이것은 영원히 변하지 않는다. 영원히 변하지 않는 정靜을 알지 못한다면 이것은 곧 맹목적이고 망령된 것이며, 맹목적이고 망령되게 움직인다면 곧 흉험凶險을 만나게 될 것이다.

영원한 정靜을 깨달으면 곧 대단히 많아지고, 대단히 많아지면 공평무사할 수 있으며, 공평무사하면 곧 덕이 온전할 수 있고, 덕을 온전하게 할 수 있으면 곧 하늘과 서로 통하며, 하늘과 서로 통하면 도의 경지에 도달할 수 있는 것이다. 도는 영원한 것이며, 이것이 영원해야 다함이 없는 것이다.

註·解

情:	고대에는 情과 靜의 발음이 같았으니 靜의 가차자이고 督(乙本)은 篤과 발음이 같았으니 篤의 가차자이므로 통행본의 '守靜篤'을 따른다.
虛:	無欲.
居:	멈춤(荀子).
靜:	無爲. 이것이 바로 도가의 가장 기본이 되는 수양이다.
極과 篤:	심령心靈을 수련하는 가장 높은 상태, 즉 소위 극도極度한 채로 정점인 것이다.
復:	反復, 순환.
復命:	性命의 근본에 돌아감, 본성을 회복함.
旁:	널리, 고르게, 두루.

極: 眞善, 도덕의 근본.	

極: 眞善, 도덕의 근본.

雲雲: 구름과 같이 많이 모여 있는 모양.

胃: 謂의 가차자.

芒: 妄의 가차자.

常: 불변의 도. 사물운동의 항구 불변한 규율.

芒芒: 많은 모양.

容: 모범, 용납, 관용, 庸(사용)과 통용. 公과 통용.

公: 공평, 공공, 조정, 제후(논어), 공로(시경).

沕: 沒의 가차자.

怠: 殆의 가차자.

沒身: 歿身(終身)과 통용함.

무욕無慾하는 자세로 무위無爲의 정신이 돈독하다면 백성이 널리 안태安泰할 것이니 임금은 그 순환하는 전체를 관찰하는 것이다. 아무리 많은 모양의 사물이라 하더라도 각각은 그 근본에 복귀하기 때문에 근본에 복귀하는 것을 정적靜寂(고요하여 괴괴함)이라 하고, 정적은 성정性情(타고난 본성)의 근본에 복귀하는 것이라 하며, 복명은 사물운동의 항구한 규율(常)이라 하는 것이니 사물운동의 항구한 규율을 아는 것을 밝음(明)이라 하므로 사물운동의 항구한 규율을 모른다면 흉함이 많을 것이다. 사물운동의 '항구하게 규율된 모범'은 제후로부터 시작하여 왕에 이르고 하늘로 이어지는 도가 되기 때문에 도는 영구한 것이라야 마지막까지 위태롭지 않은 것이다.

가장 훌륭한 정치는
도道가 백성에게 있다는 것을
아는 것이다

가장 훌륭한 정치는 도가 백성에게 있다는 것을 아는 것이고, 그 다음의 정치는 백성을 가까이 하며 칭찬하는 것이고, 그 다음은 백성을 두려워하는 것이고, 가장 나쁜 정치는 백성을 모멸하는 것이다. 임금에게 믿음이 부족하면 백성은 임금을 불신하나, 임금이 백성을 두려워하면 백성이 정령政令을 두려워하기 때문에 정사政事를 성공하고 성사하더라도 백성이 임금을 보고 자연처럼 자신들을 간섭하지 않는다고 말하는 것이다.

大上下智又之, 其次親譽之, 其次畏之, 其次侮之.

가장 좋은 통치는 백성에게 도가 있다는 것을 아는 것이고, 그 다음은 백성을 가까이 하며 칭찬하는 것이고, 그 다음은 백성을 두려워하는 것이고, 그 다음은 백성을 모멸하는 것이다.

信不足, 安又不信. 猷乎, 其貴言也. 成事遂功而百性曰我自然也.

믿음이 부족하면 불신이 있고, 근심하는 모양이면(믿음이 있으면) 그 정령을 두려워하여 사업과 공적을 이루더라도 백성이 임금을 보고 자연무위라고 말하는 것이다.

故大道廢, 安又仁義, 六親不和, 安又孝慈, 邦家昏亂, 安又正臣.

그러므로 대도가 사라져서 인의가 있고, 육친이 불화하여 효자가 있으며, 국가가 혼란하여 바른 신하가 있는 것이다.

甲本 乙本 ▶▶▶▶▶▶▶▶▶▶▶▶▶▶▶▶▶▶▶▶▶▶▶▶▶▶▶▶▶▶▶▶

太上, 下知有之. 其次, 親譽之. 其次, 畏之. 其下, 母之.
太上, 下知又〈之, 其次〉, 親譽之. 其次, 畏之. 其下, 母之.

가장 훌륭한 통치는 백성에게 도가 있다는 것을 아는 것이고, 그 다음은 백성을 가까이 하며 칭찬하는 것이고, 그 다음은 백성을 두려워하는 것이고, 그 가장 낮은 것은 백성을 모멸하는 것이다.

信不足, 案有不信. 〈猶呵〉, 其貴言也. 成功遂事, 而
百省胃我自然.

信不足, 安有不信. 猶呵, 其貴言也. 成功遂事, 而百
姓胃我自然.

(임금에게) 믿음이 부족하면 (백성이) 불신하고, 근심하는 모
양이면 (임금이 백성을 두려워하면 백성도) 정령政令을 두려워
하기 때문에 (政事를) 성공成功하고 성사成事하더라도 백성은
나(임금)를 보고 자연自然이라고 말하는 것이다.

王本 ►►

太上, 下知有之. 其次, 親而譽之. 其次, 畏之. 其次, 侮
之.

信不足焉, 有不信焉. 悠兮, 其貴言, 功成事遂, 百姓
皆謂我自然.

訳文 ==

가장 훌륭한 군주는 백성이 다만 그가 존재하고 있다는 것을
알 뿐이고, 그 다음의 것은 백성이 그를 친애하고 또 그를 칭
찬하는 것이고, 그 다음의 것은 백성이 그를 두려워하는 것이
고, 가장 나쁜 정치는 백성이 그에게 욕설을 퍼부어 창피를
주는 것이다.

군주가 조심하고 근신하려고 하는 모양이라면 많은 정령政令
을 내리지 않을 것이니 공업을 이루더라도 백성이 모두 그들
의 자연이 이와 같다고 말하는 것이다.

註·解

太上:	最上(大道의 세상)[吳澄], 大人(왕필), 태고적 無名의 임금(河上)
母:	侮(업신여길 모)와 통용.
焉, 案, 安은	모두 현대의 連詞인 '於是(그래서, 이리하여), 則'과 같다.
猶:	由와 같고 혹 悠가 되며 '猶豫, 요원, 황당무계, 근심하는 모양'의 의미이다(제15장 참조).
省:	姓의 가차자.
胃:	謂의 가차자.
言:	政令.
貴:	두려워하다(노자).
自然:	무위, 무욕 등.

대도大道가 없으면
인의仁義도 없다

그러므로 대도가 없는데 어찌 인의가 있겠는가? 지혜가 사라졌는데 어찌 큰 인위가 있겠는가? 육친이 불화不和하는데 어찌 효자가 있겠는가? 국가가 혼란한데 어찌 바른 신하가 있겠는가?

故大道廢, 案有仁義.

故大道廢, 安有仁義.

그러므로 대도大道가 없는데, 어찌 인의仁義가 있겠는가?

知快出, 案有大僞.

知慧出, 安有〈大僞〉.

지혜가 사라졌는데, 어찌 큰 인위人僞가 있겠는가?

六親不和, 案有畜玆.

六親不和, 安又孝玆.

육친이 불화하는데, 어찌 효자孝慈가 있겠는가?

邦家昏亂, 案有貞臣.

國家昏亂, 安有貞臣.

국가가 혼란한데, 어찌 바른 신하가 있겠는가?

王本 ▶▶▶

大道廢, 有仁義.

慧智出, 有大僞.

六親不和, 有孝慈.

國家昏亂, 有忠臣.

訳文 ==

대도가 폐기되면 소위 인의仁義가 출현하고

지교智巧(슬기롭고 기민하다)가 서로 다투면 사위詐僞(속임수를 써서 사기하고 거짓으로 가장한다)가 출현하며

육친이 화목하지 못하면 여기에서 곧, 소위 자효孝慈가 출현하고

국가가 혼란하면 여기에서 곧 충신이 출현하는 것이다.

註·解

廢: 없어짐(노자).
僞: 人爲, 不自然(荀子).
畜: 孝의 가차자.
焉: 安. 어찌.
玆: 慈의 가차자.
安: 그리하여, 그래서. 則과 같음.
孝慈: 부모를 잘 섬기고 자식을 깊이 사랑함(부모에게 효성을 다하고 백성이나 자식들에게 인자하게 대하다).
貞: 정성을 다함.

소박함을 견지하며 지켜야
사욕이 사라진다

지혜와 웅변을 버리면 관리는 이익이 더욱 커지고, 인의를 없애면 관리는 효자가 복귀하며, 계교의 이로움을 버리면 도적이 사라진다.

이 세 마디의 말로써 형용하기에 부족하다고 여겨서 다음과 같은 교훈에, "소박함을 견지하며 지키고 사욕을 버리며 학문을 없애서 근심이 사라지게 해야 한다."라고 한 것이다.

죽간甲(1) ▶▶▶▶▶▶▶▶▶▶▶▶▶▶▶▶▶▶▶▶▶▶▶▶▶▶▶▶▶▶▶

絶智棄辯, 民利百倍

지혜와 웅변을 버리면 관리는 이로움이 더욱 커지고

絶巧棄利, 盜賊亡又

기교와 이로움을 버리면 도적이 사라지며

絶僞棄慮, 民復季子

거짓과 꾀(책략)를 버리면 관리는 막내아들로 돌아갈 것이다.

三言以爲辯不足, 或命之或乎豆

이 세 가지는 말로써 부족하기 때문에 혹 이를 명령하기도 하고 혹 예식을 행하기도 하는 것이다.

視素保樸, 少私寡欲

소박함을 견지하며 지켜야 사욕이 사라지는 것이다.

甲本 乙本 ▶▶▶▶▶▶▶▶▶▶▶▶▶▶▶▶▶▶▶▶▶▶▶▶▶▶▶▶▶▶

絶聲棄知, 民利百負.

絶耵棄知, 而民利百倍,

성인의 지혜를 없애면 관리는 이익이 더욱 커지고

絶仁棄義, 民復畜茲.

絶仁棄義, 而民復孝茲,

인의仁義를 없애면 관리는 효자孝慈에 복귀하며

絶巧棄利, 盜賊无有.

絶巧棄利, 盜賊无有.

계교의 이로움을 없애면 (관리)에게 도적이 사라진다.

此三言也, 以爲文未足.

此三言也, 以爲文未足.

이 세 마디의 말로써 형용하기에 부족하다고 여긴다.

故令之有所屬. 見素抱〈樸, 少私寡欲, 絶學無憂〉.

故令之有所屬. 見素抱樸, 少私寡欲. 絶學无憂.

그러므로 다음과 같은 교훈에, "소박함을 견지하며 지켜야 하고, 사욕을 버려야 하며, 학문을 없애서 근심이 사라지게 해야 하는 것이다"라고 하였다.

王本 ▶▶▶▶▶▶▶▶▶▶▶▶▶▶▶▶▶▶▶▶▶▶▶▶▶▶▶▶▶▶▶▶▶▶▶▶▶▶

絶聖棄智, 民利百倍.
絶仁棄義, 民復孝慈.
絶巧棄利, 盜賊無有.
此三者, 以爲文不足.
故令有所屬. 見素抱樸, 少私寡欲. 絶學無憂.

訳文 ══════════════════════════════════════

똑똑히 관찰하는(明察) 마음을 포기하면 백성의 이익은 극히 높은 배수(百倍)로 증가할 수 있고,

인의를 포기하면 백성은 곧 원시의 효자계단孝慈階段에 되돌아
올 수 있으며,

교묘하게 속이는 것과 보화寶貨를 포기하면 도적은 곧 자연히
사라지게 되는 것이다.

이상의 세 가지는 사위문식詐僞文飾(거짓을 꾸미어 속이고 실속
없이 거죽만 잘 꾸밈)이 백성을 다스리기에 부족함을 설명하
는 것이다.

그러므로 백성을 귀순歸順하게 하려면 곧 그들로 하여금 순박
한 사고를 지니도록 해야 따라서 순박한 상태를 유지하고, 그
들로 하여금 사심私心(사욕을 채우려는 마음)을 감소시켜야 따
라서 무욕의 경계에 도달하며, 그들로 하여금 성지聖知, 인의
仁義, 교리巧利의 학문을 포기하도록 해야 따라서 근심이 없는
경계에 도달하는 것이다.

註·解

聲:	聖과 동음同音의 가차자.
知:	智.
負:	倍와 동음의 가차자.
畜:	孝와 동음의 가차자.
茲:	慈와 동음의 가차자.
三言:	'聖智, 仁義, 巧利'를 말함.

文: 文飾(실속 없이 거죽만 잘 꾸밈).

令: 법률(周禮), ...로 하여금.

見素: 잡되고 수식된 바가 없음을 알다.

抱樸: 흩어지지 않고 부족하지 않음을 알다. 樸은 朴과 同字이며 소박素朴은 '질소하고 소박함'의 의미이고, 사욕私欲은 '私心에서 일어나는 욕망'의 의미이다.

絶學無憂: 갑본은 모두 훼손되었으나, 을본은 완전하게 보존되었고, 경문은 통행본과 서로 같다. 통행본은 모두 이 문장이 제 20장의 첫머리에 있다. 경학자經學者들이 고증한 바, 많은 사람들은 제19장의 말미에 놓이는 것이 마땅하다고 인식하고 있다. 백서의 甲, 乙本이 모두 장이 나누어지지 않았고, 이 문장의 위에 '少私寡欲'에서 이어지고 아래로 '唯與呵,'가 이어져서 중간에 뚜렷한 장의 경계가 없다. 고적古籍의 조항 순서는 한대 漢代에 나누어진 것이다. 그러므로 '문맥상 제19장의 말미에 놓아야 한다'(帛書老子校注)라고 한다.

죽간본은 인의仁義가 아니라 '거짓과 책략'이다. 이것은 백서본 역시 유가의 인의에 대립한 흔적이 될 것이다.

도道는
어리석음과 같다

    칭찬과 책망, 선과 악 사이에는 차이가 없는데도 사람들이 두려
워하는 바이기 때문에 역시 두려워하지 않을 수 없다. 명성이란 그
것이 오랜 것이 아닌데도 성찬을 누리는 것처럼 중인이 화목하게 즐
기며 봄날에 누각을 오르는 것과 같다. 나의 담박함(道. 주장)이 아
직 (세상에) 나타나지 않았으니 (세상은) 어린아이처럼 웃지 않는다.
돌아갈 곳이 없는 것처럼 뜻을 펴지 못하는 모양인데도 중인은 모두
여유가 있고 나만 유독 뒤에 처져 있는 것 같다. 나는 사람들의 마
음을 매우 어리석게 하였는데도 속인들은 명백한(현명한) 모양이고
나만 유독 어리석은 모양이다. 속인들은 세밀하고 까다로운 모양인
데도 나만 유독 사리에 어두운 모양이다. 바다처럼 다한 모양인데도
명성은 멈출 줄 모르고 있다. 중인이 모두 이와 같으면서 나만 유독
완고하다고 비웃으니 내가 유독 남과 다르고자 하는 것은 도덕을 두
려워하기 때문이다.

죽간乙 (3) ▶▶▶▶▶▶▶▶▶▶▶▶▶▶▶▶▶▶▶▶▶▶▶▶▶▶▶▶

絶學亡憂.

학문을 없애면 근심이 사라진다.

唯與阿, 相去幾何?

칭찬과 책망은 서로 얼마나 차이가 나는가?

美與惡, 相去何若?

미美와 추醜는 서로 어떻게 차이가 나겠는가?

人之所畏, 亦不可以不畏.

사람들이 두려워하는 바이니 역시 두려워하지 않을 수 없다.

甲本 乙本 ▶▶▶▶▶▶▶▶▶▶▶▶▶▶▶▶▶▶▶▶▶▶▶▶▶▶▶▶▶▶▶

唯與訶, 其相去幾何?

唯與呵, 其相去幾何?

칭찬과 책망은 서로 얼마나 차이가 나는가?

美與惡, 其相去何若?

美與亞, 其相去何若?

선善과 악惡은 서로 어떻게 차이가 나는가?

人之〈所畏〉, 亦不〈可以不畏人〉.

人之所畏, 亦不可以不畏人.

사람들이 경계하여 조심하는 바이니 역시 경계하여 조심하지
않을 수가 없다.

〈望呵, 其未央哉〉!

望呵, 其未央才!

명성이란 그것은 오랜 것이 아니로다!

衆人熙熙, 若鄉於大牢, 而春登臺.

衆人熙熙, 若鄉於大牢, 而春登臺.

대성찬을 누리는 것처럼 중인衆人이 화목하게 즐기며 화창한 봄날에 누각을 오르는 것과 같다.

我泊焉未兆, 若〈嬰兒未咳〉.

我博焉未兆, 若嬰兒未咳.

나의 담박함이 아직 징조가 나타나지 않았으니 (세상은) 어린 아이처럼 웃지 않는다.

〈累呵, 如无所歸. 衆人〉皆有餘, 我獨遺.

累呵, 似无所歸, 衆人皆又余.

돌아갈 곳이 없는 것처럼 뜻을 펴지 못하는 모양인데도 중인 은 모두 여유가 있고 나만 유독 뒤에 처져 있는 것 같다.

我愚人之心也, 湷湷呵. 俗人〈昭昭, 我獨若〉昏呵.

我愚人之心也, 湷湷呵. 俗人昭昭, 我獨若昏呵.

내가 사람들의 마음을 어리석게 해서 마음이 두터운 모양인데 도 속인들은 명백한 모양이고 나만 유독 어리석은 모양이다.

俗人蔡蔡, 我獨悶悶呵.

俗人察察, 我獨閩閩呵.

속인들은 세밀하고 까다로운 모양이나 나만 유독 사리에 어두운 모양이다.

忽呵, 其若〈海〉. 望呵, 其若无所止.

沕呵, 其若海. 望呵, 其若无所止.

바다처럼 다한 모양(絶滅)인데도 명성이란 그것은 멈추는 바가 없다.

〈衆入皆有以, 我獨頑〉以悝. 我欲獨異於人, 而貴食母.

衆入皆有以, 我獨頑以鄙. 吾欲獨異於人, 而貴食母.

중인衆人이 모두 이와 같으면서 나만 유독 완고하다고 비웃으니 내가 유독 남보다 다르고자 하는 것은 도덕을 두려워하기 때문이다.

王本 ►►

唯之與阿, 相去幾何?

善之與惡, 相去若何?

人之所畏, 不可不畏.

荒兮, 其未央哉!

衆人熙熙, 如享大牢, 如春登臺.

我獨泊兮, 其未兆, 如嬰兒之未孩.

累累兮, 若無所歸. 衆人皆有餘, 而我獨若遺.

我愚人之心也哉, 沌沌兮. 俗人昭昭, 我獨昏昏.

俗人察察, 我獨悶悶.

澹兮, 其若海. 飂兮, 若無止.

衆人皆有以, 而我獨頑似鄙. 我獨異于人, 而貴食母.

訳文 ==

응낙과 책망은 서로의 거리가 얼마나 먼가?

아름다운 것과 추악한 것은 서로의 차이가 얼마인가?

타인이 두려워하는 바이니 나 역시 두려워하는 것이다.

나는 징조를 기다리는 모양과 같은 상을 얻고 끝이 없는 바다
와 같은 상을 얻었으니 광활하여 끝이 없는 상을 얻고 멀리
유람하여 지경이 없는 바깥 상이 있으므로 피곤하여 회귀回歸
할 수 없는 것과 같은 것을 두려워한다.

속인은 현명하나 나만 홀로 어둡고

속인은 청명淸明하나 나만 홀로 몽매하고

뭇 사람들이 즐거워하는 것이 마치 성대한 연회에 참가한 것
같고 마치 봄날에 누각을 오른 것과 같다.

나는 오히려 순박하나 어린아이는 웃는 도를 모르고 단지 젖
먹는 것만을 알 뿐이다.

뭇 사람들은 모두 여유가 있으나 나는 오히려 부족한 것 같고

뭇 사람들은 행위 하나 나는 오히려 의지함이 없고

나는 고독하고 남과 다르니 나는 참으로 우둔한 모양이다.

唯: 대답할 유[禮記]. 응낙. 칭찬.

訶: 꾸짖을 가. 책망.

幾何: 얼마.

何若: 어찌, 어떻게.

望: 명성(詩經). 명성은 광대한 것이 아닌데도 중인衆人이 애타며 간절하게 바라는 것이다.

央: 한가운데, 중앙, 중간, 오래다. 광대한 모양.

才: 哉의 가차자.

熙熙: 화목하게 즐기다.

鄕: 饗(대접할 향)과 통용.

대뢰大牢: 소, 양, 돼지의 세 가지 희생犧牲을 갖춘 제수祭需, 또는 요리, 대성찬.

泊: 조용할 박. 마음이 조용하고 담담하다.

兆: 징조가 나타나다.

嬰: 갓난아이 영.

咳: 방긋웃을 해. 어린애가 웃다.

累: 뜻을 펴지 못하는 모양. 위에 田자가 세 개가 있는 꼴이다.

遺: 남을 유. 버리다(역경), 잊다(시경).

128 道 經

潛이나 沌: 惇(도타울 돈)의 가차자.

昭昭: 밝은 소. 명백한 모양.

昏: 어둘 혼. 어리석다.

察: 察의 가차자. 세밀하여 까다로운 모양.

悶: 종족이름 민. 悶의 가차자이며, 悶悶은 '사리에 어두운 모양'
   의 의미임.

忽: 홀연 홀. 絶滅(다한 모양).

沕: 잠길 물. 깊어 아득한 모양.

澹: 담박할 담. 넓고 넓다.

飂: 바람소리 료.

以: 用(왕필).

頑: 완고할 완. 고루하여 고집이 세다.

悝: 근심할 리 詼(농할 회, 비웃다).

食: 養.

母: 道(河上). 德.

食母: 生之本也(왕필).

　　칭찬은 사람의 마음을 들뜨게 하고 책망은 사람의 마음을 상하게
한다. 선함은 사람의 마음을 편안하게 하고 악함은 사람의 마음을
두렵게 한다. 세상 사람들에게 있어서 이러한 상념은 마음을 좋게도
하고 나쁘게도 하겠지만, 나라의 전체를 바라보아야 하는 임금에게
있어서는 이러한 상념이 판단을 그르치게 하는 요인이 될 수도 있을

것이다. 아마도 노자는 지도자에게 있어서 보통사람들이 갖는 상념을 버려야 한다는 것을 보여주려고 한 것 같다. 뒤에서 타인들과 자신의 관점을 대조적으로 표현한 것만 보더라도 타인과 자신의 다른 관점을 나타내고자 하는 것일 것이다.

'사람들이 경계하여 조심하는 것은 역시 경계하여 조심하지 않을 수 없기 때문에 명성이 아직도 광대한 모양이 아니다'라고 한 것은 사람들이 잘못된 것을 좇고 있더라도 이를 막을 수가 없기 때문에 세상에서 행해지는 정치는 아직도 성과 없이 초라한 모양일 뿐이라는 뜻이다. 사람들이 미친 듯이 명성(잘못된 정치)을 좇으니 노자 역시 이를 두려워하는 것이다. 명성이란 큰 잔치를 치르는 것처럼 소문만 무성할 뿐이고 화창한 봄날 누각에 올라 환상에 젖는 것처럼 사람의 마음을 황홀하게 할 뿐이다. 어린아이처럼 순수하다면 이러한 허황한 놀음에 끼어들지 않을 것이나 세상이 그 귀착지歸着地를 잃고 떠돌 것만 같은데 사람들은 이를 모르고 명성을 좇아 날뛰고 있으니 노자만이 홀로 걱정하는 것이다.

사람들에게 무위의 이념을 설파한다면 세상은 풍요로울 것 같은데 사람들이 이를 도외시하니 노자만이 홀로 어리석어 보이고 사람들이 더욱 더 명성에 집착하니 노자만이 홀로 사리에 어두운 것과 같은 것이다.

그 명성이란 끝 간 데 없는 바다와 같은데 사람들은 그 명성에 대한 욕망을 멈추지 못하는 것이다. 사람들이 모두 이와 같으면서 노자를 두고 완고하다고 비웃으니 노자가 유독 남들과 다르게 처신하고 생각하는 것은 도덕을 두려워하기 때문이다.

도道가
만물을 다스리다

공허하여 크게 포용하는 덕을 받아들여야 오직 도가 따른다. 도가 만물에 도달하면 도는 다만 분명하지 않은 모양이고 분명하지 않은 모양 가운데에 형상이 있고 분명하지 않은 모양 가운데에 실물이 있다. 이치가 심오하고 미묘한 모양 가운데에 정기가 있고 그 정기가 매우 참된 가운데에 믿음이 있다. 자고 이래로 그 이름이 사라지지 않았기에 이로써 만물의 종주를 따르는 것이다. 내가 도의 그러한 연유를 알고 있는 것은 이와 같기 때문이다.

孔德之容, 唯道是從.

孔德之容, 唯道是從.

공덕(공허하여 크게 포용하는 덕)을 받아들여야 오직 도道가 따른다.

道之物, 唯朢唯忽, 〈忽呵朢〉呵, 中有象呵. 朢呵忽呵,
中有物呵.

道之物, 唯朢唯忽. 汤呵朢呵, 中有象呵. 朢呵汤呵,
中有物呵.

도道가 만물에 도달하면 다만 분명치 아니한 모양이고 분명치
아니한 모양 가운데에 형상形象이 있고 분명치 아니한 모양 가
운데에 실물實物이 있다.

幽呵嗚呵, 中有請吔. 其請甚眞, 其中〈有信〉.

幼呵冥呵, 中有請呵. 其請甚眞, 其中有信.

이치가 심오하고 미묘한 모양 그 가운데에 정기精氣가 있고 그
정기가 매우 참된 가운데에 믿음이 있다.

自今及古, 其名不去, 以順衆父.

自今及古, 其名不去, 以順衆父.

예로부터 지금에 이르기까지 그 이름이 사라지지 않았기에 이
로써 만물이 종주(道)를 따르는 것이다.

吾何以知衆父之然, 以此.

吾何以知衆父之然也, 以此.

내가 도道의 그러한 연유를 알고 있는 것은 이와 같기 때문이다.

孔德之容, 惟道是從.

道之爲物, 惟恍惟惚. 惚兮恍兮, 其中有象, 恍兮惚兮,
其中有物,

窈兮冥兮, 其中有精, 其精甚眞, 其中有信.

自古及今, 其名不去, 以閱衆甫.

吾何以知衆甫之狀哉, 以此.

대덕大德이 있는 사람의 행동은 모두 도를 따르는 것이다.

도라는 이 물건은 황홀한 모양이다. 황홀한 모양이 형상을 잉
육孕育하고, 황홀한 모양이 사물을 잉육하는 것이다.

현묘하고 유심한 모양 그 가운데에서 정미精微한 사물이 존재
하는데, 이 정미한 것은 진실하고 믿음의 효과가 있을 수 있
는 것이다.

현재로부터 고대에 이르기까지 규명해 보면 대덕이 있는 사람
은 모두 오래도록 존재하며 사라지지 않았으니 이로 인해 그
는 도와 더불어 시종始終을 함께하는 것이다.

내가 어찌하여 도가 그와 같음을 아는가? 곧 도가 이와 같기
때문이다.

道之物: 邢玄本에 '道之於物'이라 하였다. 之는 '도달하다'의 의미임.

望: 望의 본자. 황恍의 가차자.

忽: 홀惚의 가차자.

唯: 惟와 통함.

幽나 窈(그윽할 요)는 의미상 통함.

鳴: 冥의 가차자.

請: 精의 가차자.

幽冥: 심오하고 미묘함.

自今及古: '自古以來'임.

去: '소멸하다'의 의미임.

父: 甫(크다, 많다. 詩經)와 同字이고 開始(老子)의 의미임.

閱: 거느릴 열. 통솔함. 順과 의미가 가깝다.

　　모든 것을 받아들일 수 있는 큰 포용력이 있어야 오직 도가 따르는 것이다. 도는 만물에 존재하면서도 분명한 모습은 아니나, 그 가운데에 형상이 있고 실물이 있는 것이다. 반면, 이치가 심오하고 미묘한 모습 가운데에 정기와 참된 믿음도 있는 것이다.

남은 음식처럼 쓸데없는 짓은
도가 아니다

밥을 지을 때는 꼿꼿이 서지 않듯이 일에 임해서는 최선을 다하고, 스스로 주관하는 자는 그 결과가 현저하지 못하듯이 일을 주관하지 않으며, 견해를 스스로 주장하는 자는 현명하지 못하듯이 견해를 주장하지 않고, 자신의 공적을 자랑하는 자는 공이 없듯이 공을 내세우지 않으며, 자기 스스로 긍지를 갖는 자는 영구하지 못하듯이 자긍심을 버리는 것이 도이니, 도를 위배하는 것이야말로 남은 음식물처럼 쓸데없는 행위인 것이다. 왜냐하면 백성이 이를 싫어하기 때문이다. 그러므로 백성을 편안하게 하려고 한다면 임금이 도를 어겨서는 아니 된다.

炊者不立,

炊者不立,

밥을 지을 때에는 꼿꼿이 서지 않듯이 일에 임해서는 최선을 다하고

自視不章,

自視不章,

스스로 주관하는 자는 현저하지 못하듯이 일을 주관하지 않으며

〈自〉見者不明,

自見者不明,

견해를 스스로 주장하는 자는 현명치 못하듯이 견해를 주장하지 않고

自伐者无功,

自伐者无功,

자신의 공적을 자랑하는 자는 공이 없듯이 자신의 공을 내세우지 않으며

自矜者不長.

自矜者不長.

자기 스스로 긍지를 갖는 자는 영구하지 못하듯이 자긍심을 버리는 것이다.

其在道, 曰餘食贅行.

其在道也, 曰餘食贅行.

그것이 도道에 있으니 "남은 음식처럼 쓸데없는 행위이다."라

고 하였다.

物或惡之, 故有欲者〈弗〉居.

物或亞之, 故有欲者弗居.

만물이 혹 이를 싫어하기 때문에 백성을 편안하게 하려고 한다면 위와 같은 행동을 하지 말아야 한다.

王本 ▶▶

企者不立, 跨者不行.
自見者不明,
自是者不彰,
自伐者無功,
自矜者不長.
其在道也, 曰餘食贅行,
物或惡之, 故有道者不處.

訳文 ══

발끝으로 서서 발꿈치를 올려 몸을 높이려 생각하고, 도약하며 앞으로 빨리 가려 생각하나 이것은 모두 불가능한 것이다.

자신을 중요한 인물이라 여기는 것은 현명하지 아니 하고,

자아自我를 표현하는 사람은 명철하지 아니 하며,

자아를 뽐내는 사람은 공위功位(조정에서 공훈에 따라 정한 자리 위치)를 오래 차지 못하고,

자아를 교만하게 하는 사람은 장관(장長)이 될 수 없는 것이다.

다른 것으로 도를 비교해 본다면 마치 남은 음식처럼 추한 모양과 같으니 사람들이 모두 혐오하는 것이다.

그러므로 욕심이 있는 사람이라면 모두 떠나고 머물지 않는 것이다.

註·解

炊: 불땔 취. 밥을 지음.
視: 주관함.
章: 현저하다.
見: 견해.
伐: 자랑하다, 功績.
自矜: 자기 스스로의 긍지.
企: 발돋움할 기. 발돋움하고 섬.
跨: 걸터앉을 고. 말을 탐.
彰: 밝을 창. 뚜렷함.
贅: 군더더기 췌. 췌행贅行: 쓸데없는 행위.

굽으면 온전하다

굽으면 온전할 수 있고, 휘어지면 바로잡을 수 있고, 비어 있으면 가득 채울 수 있고, 옷이 해지면 새로 지을 수 있고, 적으면 손에 넣을 수 있고, 많으면 미혹될 수 있듯이 세상의 일이란 그 탄력성이 있어야 완전할 수 있는 것이다. 그리하여 성인은 도의 작용을 보존하는 것을 천하를 다스리는 것이라고 여기기 때문에 스스로 주관하지 않아서 현명해지고 견해를 스스로 주장하지 않아서 현저해지며 자신의 공적을 자랑하지 않아서 공이 있고 스스로 긍지를 갖지 않아서 영구할 수 있는 것이다. 대저 오직 다투지 않아야 한다. 그러므로 천하는 남들과 다투지 않는 것이다. 옛말에 소위 '굽으면 온전하다'라고 한 것이 어찌 거짓이었겠는가? 성실함이 온전해야 도에 복귀하는 것이다.

乙本 ▶▶▶▶▶▶▶▶▶▶▶▶▶▶▶▶▶▶▶▶▶▶▶▶▶▶▶▶▶▶▶▶

曲則金, 枉則定, 窪(洼)則盈, 敝則新, 少則得, 多則
惑.

曲則全, 汪則正, 窪(洼)則盈, 敝則新, 少則得, 多則惑.

굽으면 온전할 수 있고, 휘어지면 바로잡을 수 있고, 비어 있
으면 가득 채울 수 있고, 옷이 해지면 새로 지을 수 있고, 적
으면 손에 넣을 수 있고, 많으면 미혹될 수 있듯이 매사는 탄
력성이 있어야 완전할 수 있는 것이다.

是以聲人執一, 以爲天下牧. 不〈自〉視故明, 不自見故
章, 不自伐故有功, 弗矜故能長.

是以耴人執一, 以爲天下牧. 不自視故章, 不自見也故
明, 不自伐故有功, 弗矜故能長.

그리하여 성인은 도의 작용을 보존하는 것을 천하를 다스리는
것이라 여기기 때문에 스스로 주관하지 않아서 현명해지고,
견해를 스스로 주장하지 않아서 현저해지고, 자신의 공적을
자랑하지 않아서 공이 있고, 스스로 긍지를 갖지 않아서 영구
할 수 있는 것이다.

夫唯不爭, 故莫能與之爭. 古〈之所胃曲金者, 幾虛〉語
才! 誠金歸之.

夫唯不爭, 故莫能與之爭. 古之所胃曲全者, 幾虛語
才! 誠全歸之.

대저 오직 다투지 않아야 한다. 그러므로 천하는 남들과 다투
지 않는 것이다. 옛날에, 소위 '굽으면 온전하다'라고 하는 것

이 어찌 거짓이었겠는가! 성실함이 온전해야 도에 복귀하는 것이다.

王本 ▶▶▶▶▶▶▶▶▶▶▶▶▶▶▶▶▶▶▶▶▶▶▶▶▶▶▶▶▶▶▶▶▶▶▶▶▶

曲則全, 枉則直, 窪則盈, 敝則新, 少則得, 多則惑.

是以聖人抱一, 爲天下式. 不自見故明, 不自是故彰, 不自伐故有功, 不自矜故長.

夫唯不爭, 故天下莫能與之爭. 古之所謂'曲則全'者, 豈虛言哉! 誠全而歸之.

訳文 ═══

구불구불하면 보전할 수 있고, 휘어 꺾이면 늘일 수 있고, 움 푹 파이면 가득 채울 수 있고, 오래되어 허름하면 경신更新할 수 있고, 적으면 또한 획득할 수 있고, 많으면 오히려 분실할 수 있는 것이다.

그러므로 성인은 영원히 도를 유지함으로써 천하의 법식(법도)이 되는 것이니, 자기를 중히 여기지 않으면 곧 현명할 수 있고, 자아를 표현하지 않으면 곧 통달할 수 있고, 자아를 뽐내지 않으면 공이 있을 수 있고, 자아를 만족하지 않으면 천하의 장長이 될 수 있는 것이다.

다만 다툴 마음을 갖지 않는다면 곧 누구라 하더라도 남과 더불어 서로 다투지 않을 수 있는 것이다. 옛말에 소위 굽으면 온전하다는 이것이 곧 도에 접근하는 것이다. 성심껏 자신을

원만하고 융통성 있게 비춰 보고 근본으로 되돌아가기 때문에
이것이 곧 자연의 도가 되는 것이다.

曲: 굽을 곡. 마음이 굽음, 곡진함, 정성을 다함, 등.

金: 쇠붙이의 총칭으로 '단단하다'의 의미임. 을본과 통행본은 全이
라 되어 있고 의미상 全이 타당하다.

枉: 굽을 왕. 마음이 굽음, 굽게 함, 억울한 죄, 繞(얽힐 요. 蘇
軾.유연함의 의미).

定: 정할 정. 손에 넣음. 평정하다. 을본의 正을 따름.

窪: 구덩이 와. 우묵하게 들어감. 洼(웅덩이 와)와 同字임.

敝: 해진옷 폐.

一: 도의 작용.

牧: 기를 목. 짐승을 방사함, 널리 양육하고 수양하다, 다스리다.

式: 본보기로 삼다.

執: 꼭 쥐고 놓지 않음, 지킴, 보존함.

虛言: 거짓말.

회오리바람은
아침 내내 불지 않는다

자연은 말이 없고 회오리바람은 아침 내내 불지 않고 폭우는 온
종일 쏟아지지 않듯이 천지도 이처럼 잠깐 동안만 강한 힘을 보이는
데, 하물며 미약하기 이를 데 없는 인간이야 폭정을 한다한들 얼마
나 오래 가겠는가! 그러므로 도를 행하는 자는 도처럼 행동하고 덕
을 행하는 자는 덕처럼 행동하고 실도失道를 행하는 자는 실도처럼
행동하는 것이니 덕과 함께하는 자는 도 역시 덕이고 잃음과 함께하
는 자는 도 역시 잃음인 것이다.

希言自然, 飄風不冬朝, 暴雨不冬日.

希言自然, 剽風不冬朝, 暴雨不冬日.

자연은 말이 없고 회오리바람은 아침 내내 불지 않고 폭우는
온종일 쏟아지지 않는다.

孰爲此?

孰爲此?

누가 이처럼 행할 수 있겠는가?

天地〈而弗能久, 又況於人乎〉!

天地而弗能久, 有兄於人乎!

천지도 이처럼 오랫동안 할 수가 없는데, 하물며 인간이야 더
말할 나위도 없는 것이다.

故從事而道者同於道, 德者同於德, 者者同於失. 同〈
於德者〉, 道亦德之. 同於〈失〉者, 道亦失之.

故從事而道者同於道, 德者同於德, 失者同於失. 同於
德者, 道亦德之. 同於失者, 道亦失之.

그러므로 도를 행하는 자는 도道와 같고, 덕을 행하는 자는
덕德과 같고, 실도失道를 행하는 자는 실도失道와 같기 때문에
덕과 함께 하는 자는 도道 역시 덕德이고, 잃음과 함께 하는
자는 도道 역시 잃음인 것이다.

王本 ▶▶▶▶▶▶▶▶▶▶▶▶▶▶▶▶▶▶▶▶▶▶▶▶▶▶▶▶▶▶▶▶▶▶▶▶▶▶▶

希言自然, 故飄風不終朝, 驟雨不終日.

孰爲此者?

天地. 天地尚不能久, 而況于人乎!

故從事于道者, 道者同于道, 德者同于德, 失者同于
失. 同于道者, 道亦樂得之, 同于德者, 德亦樂得之,
同于失者, 失亦樂得之. 信不足焉, 有不信焉.

訳文 ═══

광풍은 이른 아침 내내 바람을 일으킬 수 없고, 폭우는 온종
일 내릴 수 없는 것이다.

누가 바람을 불게 하고 비를 내리게 할 수 있겠는가?

이것은 천지이다. 천지가 행하는 것이라 하더라도 오랠 수가
없는데, 하물며 인간이 그것을 하겠는가?

그러므로 세상사를 처리하면서 도가 있는 자는 곧 도에 합당
하고, 득도한 사람은 도를 장악하여 행할 수 있으며, 무도한
사람은 도를 배반하는 데 마음이 쏠리는 것이다. 도를 장악하
여 행하면 도야말로 이와 더불어 상합相合하는 것이고, 도를
배반하는 데 마음이 쏠리면 도야말로 이와 더불어 상배相背하
는 것이다.

希言: 작아서 들리지 않는 말.

飄風: 회오리바람 표. 회오리바람.

冬: 終의 原字.

暴雨: 갑자기 많이 쏟아지는 비.

驟雨: 달릴 취. 소나기.

孰: 누구 숙. 의문사.

兄: 況의 가차자.

도는 자연을 본받다

만물이 존재하기 이전부터 천지가 있었는데, 그 천지란 쓸쓸하고 높고 먼 모양이었고 독립하였으나 경계가 없었기 때문에 천지의 근원이라 할 수 있다. 나는 그 '천지의 근원'의 이름을 아직은 모르나 글자로서 道라 하고 억지로 이름을 붙여서 大라 한다. 大란 앞날을 예견하는 일 즉, 정치라 하고 점치는 일은 미래를 예견하는 일이니 미래를 예견하는 일이란 과거를 되돌아보는 것을 말하는 것이다. 도가 크고 하늘이 크고 땅이 크고 왕 역시 크기 때문에 나라에는 네 가지의 큰 것이 있고 이로써 왕은 그 하나가 되는 것이다. 그리하여 사람은 땅을 본받고 땅은 하늘을 본받고 하늘은 도를 본받고 도는 자연을 본받는 것이다.

又狀蟲成, 先天地生, 寂穆, 獨立, 不改, 可以爲天下母.
형상이 있기 전에 천지가 먼저 생겨났는데, 천지는 조용하고
독립하고 변경하지 않아서 천하의 근원이 될 수 있는 것이다.

未智其名, 字之曰道, 吾强爲之名曰大,
그 이름은 알지 못하나 글자로써 도道라고 하고 내가 억지로
이름을 붙여서 대大라고 한다.

大曰逝, 逝曰遠, 遠曰返.
대大는 '세월이 가다'라고 하고, '세월이 가다'라고 하는 것은
'멀다'라고 하며, '먼 것'이라고 하는 것은 '되돌아오는 것'이라
고 한다.

天大, 地大, 道大, 王亦大. 國中又四大安, 王居一安.
人法地, 地法天, 天法道, 道法自然.
하늘이 크고, 땅이 크고, 도가 크기 때문에 왕 역시 큰 것이
니 나라에는 네 가지의 큰 것이 있고 왕이 그 하나를 차지하
는 것이므로 사람은 땅을 본받고 땅은 하늘을 본받고 하늘은
도를 본받고 도는 우주(자연)를 본받는 것이다.

有物昆成, 先天地生, 繡呵繆呵, 獨立〈而不改〉, 可以
爲天地母.

有物昆成, 先天地生. 蕭呵寥呵, 獨立而不玹, 可以爲
天地母.

만물이 이루어지기 이전에 먼저 천지가 생겨났는데, 천지는
쓸쓸하고 높고 먼 모양이고 독립하나 경계에 있지 아니 하므
로 천지를 근원이라 할 수 있는 것이다.

吾未知其名, 字之曰道. 吾强爲之名曰大, 大曰筮, 筮
曰〈遠, 遠曰反〉.

吾未知其名也, 字之曰道. 吾强爲之名曰大, 大曰筮,
筮曰遠, 遠曰反.

나는 그 이름을 아직 모르지만 글자로써 도道라고 하고 내가
억지로 이름을 붙여서 대大라고 하는 것이니, 대大란 점치는
일(政治)이라고 하고, 점치는 일이란 친하지 아니한 일(미래)
이라고 하고, 친하지 아니한 일(미래)이란 (과거로) 되돌이키
는 것이라고 한다.

〈道大〉, 天大, 地大, 王亦大. 國中有四大, 而王居一
焉. 人法地, 地法〈天, 天法道, 道法自然〉.

道大, 天大, 地大, 王亦大. 國中有四大, 而王居一
焉. 人法地, 地法天, 天法道, 道法自然.

도道가 크고 하늘이 크고 땅이 크고 왕 역시 크기 때문에 나
라에는 네 가지의 큰 것이 있고 이로써 왕은 그 하나가 되는

것이다. 그리하여 사람은 땅을 본받고 땅은 하늘을 본받고 하늘은 도를 본받고 도는 자연自然을 본받는 것이다.

王本 ▶▶▶▶▶▶▶▶▶▶▶▶▶▶▶▶▶▶▶▶▶▶▶▶▶▶▶▶▶▶▶▶▶▶▶▶▶

有物混成, 先天地生. 寂兮寥兮. 獨立不改, 周行而不殆. 可以爲天下母.

吾不知其名, 字之曰道, 强爲之名曰大, 大曰逝, 逝曰遠, 遠曰反.

故道大, 天大, 地大, 王亦大. 域中有四大, 而王居其一焉. 人法地, 地法天, 天法道, 道法自然.

訳文 ══

하나의 혼연한 일체의 물건이 있었는데, 이것은 천지보다 먼저 생겨났으니 무성無聲이고 또한 무형無形이고 홀로 존재하나 영원히 개변하지 않고, 순환운행하나 영원히 정지하지 않으므로 이것을 '천지를 생육하는 어머니'라고 말할 수 있는 것이다.

나는 도의 이름을 모르지만 그것을 도道라고 한다. 나는 이것을 억지로 형용하여 비할 바 없이 크다고 하고, 대大는 곧 갈 수도 없고 존재할 수도 없으며, 가면 곧 멀리 운행할 수 있고, 멀지만 되돌아 올 수 있는 것이다.

도는 대大이고, 하늘도 대大이고, 땅도 대大이고, 왕 역시 대大이니 우주에는 네 가지의 대大가 있으며 왕도 그 가운데에 있기 때문에 그(왕)가 인도人道를 장악하여 행하는 것이고, 땅이 그 가운데에 있기 때문에 지도地道를 장악하여 행하는 것이고, 하늘이 그 가운데에 있기 때문에 천도天道를 장악하여 행하는 것이고, 도가 그 가운데에 있기 때문에 도도道道를 장악하여 행하는 것이니 이것은 자연이 이와 같기 때문이다.

註·解

昆: 많을 곤. 뒤, 나중에.
混成: 섞여서 이루어짐.
繡: 비단 수. 소蕭(쓸쓸할 소, 바람이 부는 소리. 無聲)의 가차자.
繆: 얽을 무. 요寥(쓸쓸할 료. 허공, 무형無形)의 가차자.
玹: 없는 글자이다. 이것은 改의 가차자라고 하나 垓(지경 해, 가장자리, 끝)의 誤字가 아닌가 한다.
母: 근원.
一: 도의 작용.
筮: 점대 서. 점치다(고대의 점치는 행위는 정치행위이다).
遠: 관계가 가깝지 아니함. '관계가 가깝지 아니하다'란 '미래'에 대한 다른 표현인 것 같다.
反: '복귀하다, 반성하다'의 의미로서 '과거에 대한 반성'의 표현.

태고를 천지의 근원이라 한다면 그것은 도가 될 것이다. 도를 억지로 이름을 붙여서 대大라고 한다면 대大는 점치는 일 즉, 정치(고

대의 점 행위가 곧 정치였음)를 말하는 것이고 점치는 일은 미래의
일이며 미래의 일은 과거를 되짚어보고 아는 것을 말하는 것이다.
그러므로 도는 정치인 것이다.

　도가 크고 하늘이 크고 땅이 크고 왕 역시 큰 것이니 나라에는
네 가지의 큰 것이 있고 그 중의 하나가 왕이다.

　그러므로 사람은 땅을 본받고 땅은 하늘을 본받고 하늘은 도를
본받고 도는 자연自然을 본받는 것이니 왕은 자연을 본받아서 정치해
야 하는 것이다.

가벼우면 근본을 잃고
조급하면 모든 것을 잃다

무거운 것(陰)은 가벼운 것(陽)의 본원이 되기 때문에 안정함이 조급함을 주관하는 것이다. 그러므로 군자는 온종일 행하더라도 장군처럼 진중함을 버리지 못하는 것이니 비록 관가를 순찰한다 하더라도 진중함을 지켜야 정사가 밝게 빛나는 것이다. 어찌 만 승의 왕이 천하에서 몸을 가볍게 둘 수 있겠는가? 가벼우면 근본을 잃고 조급하면 모든 것을 잃는다.

〈重〉爲巠根, 清爲趮君.

重爲巠根, 静爲趮君.

무거운 것이 가벼운 것의 본원本源이기 때문에 안정(靜. 重)함이 조급(動. 輕)함을 주관하는 것이다.

是以君子衆日行, 不離其甾重. 唯有環官, 燕處〈則昭〉若.

是以君子冬日行, 不離其甾重. 雖有環官, 燕處則昭若.

그리하여 군자는 온종일 행하더라도 장군처럼 진중鎭重함을 버리지 못하는 것이니 비록 관가를 순찰하더라도 한가하게 진중함을 지켜야 정사가 밝게 빛나는 것이다.

若何萬乘之王, 而以身巠於天下?

若何萬乘之王, 而以身輕於天下?

어찌 만 승의 왕이 천하에서 몸을 가볍게 두겠는가?

巠則失本, 趮則失君.

輕則失本, 趮則失君.

가벼우면 근본을 잃고 조급하면 모든 것(임금의 자리)을 잃는다.

重爲輕根, 静爲躁君.

是以聖人終日行不離輜重. 雖有榮觀, 燕處超然.

奈何萬乘之主, 而以身輕天下?

輕則失根, 躁則失君.

==

침착하고 중후함은 경솔함의 근본이고, 안정은 조급하게 돌아 다니는 것을 주재하는 것이다.

그러므로 군자의 모든 행위는 마치 모두 덮개가 있는 수레의 안에 있으면서 정양靜養하는 모양과 같은 것이다. 설사 시끄 러운 시장에서 거처한다 하더라도 다만 심경이 평온하다면 곧 별천지(物外)를 초월하는 것이다.

어찌 만 승의 주인이 자기 자신을 조용하게 지키지 않고 녹록 하게 천하에서 애쓰며 일하겠는가?

경솔하면 곧 근본을 잃고, 조급하게 돌아다니면 곧 주재主宰 (지배자)를 잃는 것이다.

註·解

巠: 물모양 경. 경輕(가벼울 경)의 가차자.
清: 정靜의 가차자.
趮: 조급할 조. 조躁(떠들 조)와 동자同字.
甾: 장군 치.
輜重: 짐수레 치. 행군하는 군대의 식량, 장비 등의 용품.

環: 돌 환. 순찰하다.	
官: 관가.	
燕處: 제비 연. 한가히 있음.	

    무거운 것은 陰을 말하는 것이고 가벼운 것은 陽을 의미하는 것이니 음이 양의 본원이기 때문에 고요함(靜)이 조급함(動)을 주관하는 것이다. 그러므로 군자는 시종일관 진중하게 행동해야 하는 것이니 비록 관가를 순찰하더라도 진중함을 지켜야 정사가 밝게 빛날 수 있는 것이다. 군자도 이러하거늘 어찌 나라의 주인인 왕이 가볍게 처신을 할 수 있겠는가? 따라서 가볍게 행동하면 근본을 잃게 되고, 조급하게 행동하면 모든 것을 잃게 되는 것이다.

도道는
현명함을 감추는 것이다

잘 걷는 자는 그 자취를 남기지 않고, 말을 잘 하는 자는 허물을 남기지 않으며, 운명을 잘 아는 자는 점치는 어리석음이 없고, 잘 잠그는 자는 빗장과 자물쇠가 없더라도 그가 잠근 문은 열 수 없으며, 매듭을 잘 짓는 자는 노끈으로 단단히 묶지 않더라도 그가 매듭을 지은 것은 풀 수가 없듯이 무엇인가를 잘 하는 자는 그것을 자랑하지 않는 법이다. 그리하여 성인은 항상 사람을 잘 구제하나 존중하고 만물은 재물을 잘 구제하나 아끼는 것이니 이것을 '현명함을 감추는 것'이라고 하는 것이다. 그러므로 착한 사람은 착한 사람의 스승이 되고 착하지 않은 사람도 착한 사람의 거울이 되나, 스승을 존중하지 않고 그 거울에 대해서 애착을 갖지 않아야 오직 큰 미혹을 깨달을 수 있는 것이니 이것을 '미묘하고 현묘한 이치에 통달하는 요결'이라고 하는 것이다.

善行者无(徹)迹, 〈善〉言者无瑕適, 善數者不以檮. 善閉者無(關)籥而不可啓也, 善結者〈无(繩)〉約而不可解也.

善行者无達迹, 善言者无瑕適. 善數者不以檮. 善閉者无關籥而不可啓也. 善結者无(繩).

잘 걷는 자는 흔적을 남기지 않고, 말을 잘 하는 자는 허물을 남기지 않고, 운명을 잘 아는 자는 점치는 어리석음이 없고, 잘 잠그는 자는 빗장과 자물쇠가 없더라도 그가 잠근 문은 열 수 없고, 매듭을 잘 짓는 자는 노끈으로 묶지 않더라도 매듭을 풀 수 없는 것처럼 무엇인가를 잘 하는 자는 자랑하지 않는 법이다.

是以聲人恒善(救)人, 而无棄人, 物无棄財, 是胃悵明.

是以耵人恒善(救)人, 而无棄人, 物无棄財, 是胃申(曳)明.

그리하여 성인은 항상 사람을 잘 구제하나 사람을 버리지 않고, 만물은 항상 재물을 잘 구제하나 재물을 버리지 않는 것이니 이것을 '현명함을 감추는 것(습명襲明)'이라고 한다.

故善〈人, 善人〉之師; 不善人, 善人之齎也, 不貴其師, 不愛其齎, 唯知乎大眯. 是胃眇要.

故善人, 善人之師; 不善人, 善人之資也. 不貴其師, 不愛其資, 雖知乎大迷. 是胃眇要.

그러므로 착한 사람은 착한 사람의 스승이 되고 착하지 않은 사람도 착한 사람의 거울이 되나, 스승을 존중하지 않고 그 거울에 대해서 애착하지 않아야 오직 큰 미혹을 깨닫는 것이니, 이것을 '미묘하고 현묘한 이치에 통달하는 요결'이라고 하는 것이다.

善行無轍迹, 善言無瑕讁. 善數不用籌策, 善閉無關楗而不可開, 善結無繩約而不可解.

是以聖人常善救人, 故無棄人; 常善救物, 故無棄物. 是謂襲明.

故善人者, 不善人之師; 不善人者善人之資. 不貴其師, 不愛其資, 雖智大迷. 是謂要妙.

잘 걷는 사람은 흔적을 남기지 않고, 말을 잘 하는 사람은 약점이 없으며, 계산을 잘 하는 사람은 산가지(수를 세거나 계산하는 데 쓰는)를 필요로 하지 않고, 문을 잘 닫는 사람은 열쇠와 빗장을 필요로 하지 않으나 문을 닫으면 누구라도 어떤 방법을 써서 열지 못하며, 줄로 묶기를 잘 하는 사람은 밧줄을 사용하지 않으나 줄로 묶으면 누구라도 풀어서 벗어나지 못한다.

그러므로 성인은 항상 사람을 잘 구제하나 곧 사람을 내버리지 않고, 항상 만물을 잘 구제하나 곧 만물을 내버리지 않으니 이것이 곧 매우 통달하는 것이다.

따라서 착한 사람은 착한 사람의 스승이고, 착하지 않은 사람은 또한 착한 사람의 거울로 삼는 것이다. 스승을 존중하지 않고 거울로 삼는 것을 애석해 하지 않는다면 설사 매우 총명하다 하더라도 또한 장차 애매모호할 것이니 이것이 곧 미묘 현통한 요결인 것이다.

註·解

(徹): 徹 밑에 刀가 있는 모양.	

達: 깨닫다, 두루, 빠짐없이.	

迹: 자취 적. 행위 또는 사건의 자취.	

善行轍迹: 바퀴자국 철. '착한 행실은 자국이 없다는 뜻으로, 선행은 자연에 좇기 때문에 사람의 눈에 잘 띄지 않다'의 의미임.	

瑕: 티 하. 흠, 틈, 허물.	

適: 갈 적. 謫(꾸짖을 적)과 통용함.	

하적瑕謫: 결점, 약점, 나쁜 버릇.	

數: 산법算法, 운명(書經).	

檮: 어리석을 도. 무지 몽매함.	

筭: '주책籌策(고대의 계산용구), 점복시초占卜蓍草(疇人傳)'의 의미임.	

闔: 關의 가차자.	

關籥: 열쇠 약. '문의 빗장과 자물쇠, 문단속, 사물의 중요한 곳'의 의미임.

啓: 開와 뜻이 통함.

纆: 繩(노 승)과 의미가 통함.

悈: 敎의 가차자.

胃: 謂의 가차자.

恥: 習이고 襲과 習은 옛날에는 통하였음(許抗生).

습명襲明: '지혜를 감추다'의 의미임.

齎: 가져갈 재. 자資(재물 자. 도움, 藉助)와 同字이고, 資는 鑒(거울 감)의 가차자.

眯: 눈 잘못뜰 미. 미迷와 통함.

眇: 妙의 가차자.

도道가 다스려야
백성을 해치는 일이 없다

수컷이 주재하는 것이 암컷을 구하는 것이라야 천하는 도가 된
다. 천하의 도가 되려고 한다면 덕이 변하지 않고 떠나지 않아야 한
다. 덕이 변하지 않고 떠나지 않아야 도가 되는 것이다. 영화가 주
재하는 것이 욕됨을 구하는 것이라야 천하는 도가 된다. 천하의 도
가 되려고 한다면 덕이 불변해야 바로 족한 것이다. 덕이 불변하고
족한 것이라야 도에 복귀하는 것이다. 흰 것이 주재하는 것이 검은
것을 구하는 것이라야 천하는 도가 된다. 천하의 도가 되려고 한다
면 덕이 불변하고 틀리지 않아야 한다. 덕이 불변하고 틀리지 않아
야 도가 무극에 복귀하는 것이다. 순박함(道)이 흩어져서 그릇(人
才)이 되는 것이니 성인이 그 자질을 성취하고 영도하는 관리가 되
는 것이다. 대개 도가 크게 주장이 되어 일을 처리한다면 백성을 해
치는 일이 없을 것이다.

知其雄, 守其雌, 爲天下溪. 爲天下溪, 恒德不雞. 恒
德不雞, 復歸嬰兒.

知其雄, 守其雌, 爲天下雞. 爲天下雞, 恒德不离. 恒
德不离, 復〈歸嬰兒〉.

그 수컷이 주재하는 것이 그 암컷을 구하는 것이라야 천하는
계곡이 된다. 천하가 계곡이 되려고 한다면 덕은 불변하고 떠
나지 않아야 한다. 덕이 불변하고 떠나지 않아야 갓난아이
(道)로 복귀하는 것이다.

知其曰(榮), 守其辱, 爲天下浴. 爲天下浴, 恒德乃〈足〉.
恒德乃〈足, 復歸於樸〉.

知其白(曰), 守其辱, 爲天下浴. 爲天下浴, 恒德乃足.
恒德乃足, 復歸於樸.

그 영화가 주재하는 것이 그 욕됨을 구하는 것이라야 천하는
계곡이 된다. 천하가 계곡이 되려고 한다면 덕은 불변하고 바
로 족해야 한다. 덕이 불변하고 족해야 순박함(道)에 복귀하
는 것이다.

知其(白), 守其黑, 爲天下式. 爲天下式, 恒德不貳
(貣). 恒德不貳(貣), 復歸於无極.

知其白, 守其黑, 爲天下式. 爲天下式, 恒德不貸. 恒
德不貸, 復歸於无極.

그 흰 것이 주재하는 것이 그 검은 것을 구하는 것이라야 천
하는 모범(道)이 된다. 천하가 모범이 되려고 한다면 덕은 불
변하고 틀리지 않아야 한다. 덕이 불변하고 틀리지 않아야 도

가 무극無極에 복귀한다.

樸散〈則爲器, 聖〉人用則爲官長, 夫大制无割.

樸散則爲器, 耶人用則爲官長, 夫大制无割.

순박함(道)이 흩어져서 그릇이 되는 것이니 성인이 (그 그릇을) 사용하여 영도하는 관리가 되는 것이다. 대개 도가 크게 주장이 되어 일을 처리해야 백성을 해치는 일이 없는 것이다.

王本 ▶▶▶▶▶▶▶▶▶▶▶▶▶▶▶▶▶▶▶▶▶▶▶▶▶▶▶▶▶▶▶▶▶▶▶▶

知其雄, 守其雌, 爲天下谿. 爲天下谿, 常德不離, 復歸于嬰兒.

知其白, 守其黑, 爲天下式. 爲天下式, 常德不忒, 復歸于無極.

知其榮, 守其辱, 爲天下谷. 爲天下谷, 常德乃足, 復歸于樸.

樸散則爲器, 聖人用之則爲官長. 故大制不割.

訳文 ══

자기를 깨닫는 것은 강대强大하나 오히려 낮은 지위에 기꺼이 거처하는 것이야말로 마치 강이 흘러 아래에 모여 집수集水하는 것과 같은 것이다. 다만 아래에 거처할 뿐이기 때문에 변치 않는 재덕才德이 그에게서 떠나지 않는 것이다. 변치 않는 덕이 그를 떠나지 않으니 그는 갓난아이의 경지에 도달할 수가 있는 것이다.

자기를 깨닫는 것은 결백하나 오히려 더러운 명예에 기꺼이 거처하는 것이야말로 마치 천하의 하류(강의 흐름)가 더러움을 용납하는 모양과 같은 것이다. 단지 더러움을 용납할 수 있기 때문에 재덕이 항상 충만한 것이니 이것이 순박한 경지에 도달하는 것이다.

순박함은 곧 모든 것을 성취할 수 있으므로 성인은 순박함을 이용하여 천하를 다스리는 것이다.

그러므로 다만 재능을 숨겨서 온전하게 할 뿐이다.

註·解

雄:	수컷 웅.
知:	사귐, 주재(左傳). 배우자(詩經)
雌:	암컷 자.
守:	구하다(漢書).
溪:	시내 계. 谿(시내 계)와 同字. 溪는 실이 이어지듯 계속 쏟아지는 물을 본떠서 도를 비유함.
雞:	닭 계. 離(떠날 리)의 가차자.
嬰兒:	갓난아이. 갓난아이의 천진무구를 본떠서 도를 비유함.
日:	영화의 상징적 표현임.
浴:	곡谷(도의 상징)의 가차자.

恒德: 변함없이 한결같은 덕.

樸: 순박할 박. 도의 상징임.

式: 法式, 모범, 규칙.

貣: 빌 특. 忒(틀릴 특)과 통용함. 貸(빌려줄 대)는 忒과 통용함.

无極: 천지간에 아직 만물이 생기기 전의 시초始初. 즉, '우주의 근원'의 의미임. 후대의 사유일 것 같음.

樜: 樸의 가차자.

器: 재능, 도량, 훌륭한 인재를 중히 여김, 적소에 씀.

官長: 관리.

制: 주제宰制(주장이 되어 일을 처리함).

割: 가를 할. 빼앗다, 해치다.

제 29 장

(72)

천하는
신령한 기물이다

　장차 천하를 얻으려고 도를 행한다면 그대는 천하를 얻지 못할 것이다. 대개 천하는 신령한 기물이기 때문에 행할 수 없는 것이니 행하려고 하는 자는 도를 잃고 주관하려고 하는 자도 역시 도를 잃는다. 사물이란 혹 행하기도 하고 혹 따르기도 하고 혹 빛나기도 하고 혹 불기도 하고 혹 강하기도 하고 혹 부수기도 하고 혹 보태기도 하고 혹 떨어지기도 하기 때문이다. 그리하여 성인은 도가 지나친 것을 버리고 큰 것을 버리고 문서를 버리는 것이다.

將欲取天下而爲之, 吾見其弗〈得已〉.

將欲取〈天下而爲之, 吾見其弗得已〉.

장차 천하를 얻으려고 도道를 행한다면 나는 그대가 그것을 얻지 못하리라 생각한다.

〈夫天下神〉器也, 非可爲者也. 爲者敗之, 執者失之.

〈夫天下神〉器也, 非可爲者也. 爲之者敗之, 執之者失之.

대개 천하는 신령한 기물이기 때문에 행할 수가 없는 것이니 행하는 자는 도道를 패패하고 주관하는 자는 도를 잃는다.

物或行或隨, 或炅或〈吹, 或强或剉〉, 或杯或㷌.

故物或行或隨, 或熱或硃, 或陪或墮.

사물이란 혹 행하기도 하고 혹 따르기도 하고 혹 빛나기도 하고 혹 불기도 하고 혹 강하기도 하고 혹 부수기도 하고 혹 보태기도 하고 혹 떨어지기도 하기 때문이다.

是以聲人去甚, 去大, 去楮.

是以耴人去甚, 去大, 去諸.

그리하여 성인은 도道가 지나친 것을 버리고 큰 것을 버리고 문서를 버리는 것이다.

將欲取天下而爲之, 吾見其不得已.

天下神器, 不可爲也. 爲者敗之, 執者失之.

故物或行或隨, 或歔或吹, 或强或羸, 或挫或隳.

是以聖人去甚, 去奢, 去泰.

訳文 ==

장차 천하를 얻으려고 행위 하는 바가 있다면 나는 그가 목적에 도달하지 못할 것이라고 생각한다.

천하는 하나의 신묘한 것이니 일부러 고수할 수 없는 것이고, 할 마음이 있다고 하여 행할 수 있는 것이 아니며, 억지로 행하는 것은 장차 실패할 것이고, 억지로 지키는 것은 장차 상실하게 될 것이다.

그러므로 성인은 천하를 다스려도 억지로 하지 않기 때문에 실패하지 않고, 억지로 지키지 않기 때문에 상실하지 않는 것이다.

사물은 앞이 있으면 반드시 뒤가 있고, 열熱이 있으면 반드시 한寒이 있으며, 강强이 있으면 반드시 약弱이 있고, 증增이 있으면 반드시 감減이 있기 때문에, 성인은 육욕을 만족시키는 것으로 낙을 삼지 않고, 안일하지 않으며, 사치하지 않는 것이다.

見: 생각함.

執: 주관하다.

炅: 빛날 경.

吹: 불 취.

剉: 剉(부술 좌)의 가차자.

杯: 잔 배. 陪(더할 배)의 가차자.

橢: 길쭉할 타. 墮(떨어질 타)의 가차자.

甚: 도를 지나치다. 식생활과 성생활이 대단히 즐겁다.

楮: 닥나무 저. '문자를 써넣는 목피木皮로 만든 종이의 뜻을 보이며,
또 그 원료인 닥나무의 뜻을 나타냄(字源)'의 의미이다.

　　인위로써 천하를 다스리려고 한다면 그대는 실패할 것이다. 천
하는 인간의 생각대로 되는 하찮은 존재가 아니라 신령스럽기 그지
없는 것이니 무위(자연을 따름)를 저버리고 인위로 정치할 수 없는
것이다. 인위人爲를 행하는 자는 자연의 법칙을 따르지 않았기 때문
에 도를 무너뜨리는 것이고, 억지로 주관하는 자는 순리를 벗어났기
때문에 도를 잃는 것이다. 백성의 행동은 종잡을 수 없는 것이기 때
문에 성인은 도가 지나친 것은 버리고 큰 것(대업)도 버리며 문서(법
령) 또한 버리는 것이다.

도道는 수행하더라도
강압하지 않다

도로써 임금을 보좌하면 세상은 강병할 필요가 없고 임금을 섬겨서 좋은 일이 돌아오니 병사가 머물렀던 곳은 병사들이 훈련을 하지 않아서 가시나무만 생겨날 뿐이다. 착한 것을 수행할 뿐이고 강압을 취하지 않는다는 것은 수행하더라도 교만하지 않고 수행하더라도 젠체 하지 않고 수행하더라도 공적을 자랑하지 않고 수행하더라도 재물을 얻지 않고 다스리는 것이다. 이것을 '수행하더라도 강압하지 않다'라고 하는 것이니 만물이 장성하더라도 노쇠하다면 이것은 부도不道라고 하고 부도는 일찍 멈추는 것을 말하는 것이다.

죽간甲(4) ▶▶▶▶▶▶▶▶▶▶▶▶▶▶▶▶▶▶▶▶▶▶▶▶▶▶▶▶▶▶▶

以道佐人主者, 不欲以兵强于天下

도로써 임금을 돕는 사람은 천하에서 강병强兵하려고 하지 않고

善者果而已, 不以取强

착한 사람은 실행할 뿐이며, 강압을 취할 수 없다.

果而弗發, 果而弗驕, 果而弗矜

수행하더라도 드러내지 않고 수행하더라도 교만하지 않으며 수행하더라도 자랑하지 않는다.

是謂果而不强, 其事好.

이것을 수행하더라도 강압하지 않는다고 하는 것이며, 그 사업은 좋은 것이다.

甲本 乙本 ▶▶▶▶▶▶▶▶▶▶▶▶▶▶▶▶▶▶▶▶▶▶▶▶▶▶▶▶▶▶

以道佐人主, 不以兵〈强於〉天下,〈其事好還〉.〈師之〉所居, 楚朸生之.

以道佐人主, 不以兵强於天下, 其〈事好還. 師之所處, 荆〉棘生之.

도道로써 임금을 보좌하면 천하는 병사를 강하게 할 필요가 없고 임금을 섬겨서 좋은 결과가 돌아오는 것이니 병사가 머무는 곳에는 병사들이 훈련을 하지 않아서 가시나무가 생겨날

뿐이다.

善者果而已矣, 毋以取强焉. 果而毋驕, 果而勿矜, 果
而〈勿伐〉, 果而毋得已居,

善者果而已矣, 毋以取强焉. 果而毋驕, 果而勿矜,
果〈而勿〉伐, 果而毋得已居.

착한 것을 수행할 뿐이고 강압을 취하지 않는 것은 수행하더라도 교
만하지 않고, 수행하더라도 젠 체하지 않고, 수행하더라도 공적을
자랑하지 않고, 수행하더라도 재물을 얻지 않고 다스리는 것이다.

是胃〈果〉而不强. 物壯而老, 是胃之不道, 不道蚤已.

是胃果而不强. 物壯而老, 胃之不道, 不道蚤已.

이것을 '수행하더라도 강압하지 않다'라고 하는 것이니, 만물
이 장성하더라도 노쇠老衰하다면 이것은 '부도不道'라고 하고
부도不道는 일찍 멈추는 것을 말한다.

王本 ▶▶▶▶▶▶▶▶▶▶▶▶▶▶▶▶▶▶▶▶▶▶▶▶▶▶▶▶▶▶▶▶

以道佐人主者, 不以兵强天下, 其事好還. 師之所處,
荊棘生焉, 大軍之後, 必有凶年.

善有果而已, 不敢以取强. 果而勿矜, 果而勿伐, 果而
勿驕, 果而不得已, 果而勿强.

物壯則老, 是謂不道. 不道早已.

도를 이용해서 임금을 보좌한다면 천하를 병사로써 충당하여 강력하게 할 필요가 없으나, 용병하여 대적對敵하려고 한다면 일정한 보복을 받게 되니 군대가 지나간 곳은 곧 가시나무가 생겨나는 것이다.

승리를 잘 거두는 사람은 진실함을 이용하며 병사로써 승리를 취하지 않는 것이니 진실하나 교만하지 않고, 진실하나 스스로를 높이 여기지 않으며, 진실하나 뽐내지 않으므로 성신誠信(진실함)은 마치 부득이한 것을 핍박하는 것과 같은 것이다. 이와 같은 경지에 도달한다면 곧 성신이라 부르며 강함을 사용하지 않는 것이다.

사물이 매우 성행하면 곧 노쇠하는 것이니 매우 극성한 것은 도를 얻지 못한 것이며 도를 얻지 못한 것은 곧 일찍 땅에서 멸망하는 것이다.

註·解

佐: 도울 좌. 보좌하다. 보필하다.
事: 섬기다. 받들어 모심.
人主: 임금.
環: 갚을 환. 빚 같은 것을 도로 돌려 줌.
楚: 가시나무 초. 가시가 있는 잡목.

枥: 나이테 력. 棘(가시 극)과 음이 통하며 '나무를 다스리다'의 의미임.

荊棘형극: 가시나무, 고난, 나쁜 마음.

果: 수행하다, 해내다(노자).

而已: ...일뿐이다.

伐: 자랑할 벌. 공적을 자랑하다.

居: 다스릴 거. 다스리다(逸周書).

蚤: 일찍 조. 早(일찍 조)와 통용함.

　'만물이 장성하더라도 노쇠해지다'란 만물이 지나치게 장성하여 곧 노쇠해지다는 의미이다. 그러므로 군사까지 훈련시켜서 강대국을 만들려고 하는 것을 지나치게 웃자란 만물에 비유하여 곧 망할 것임을 나타내는 것이다. 망하는 것을 '도가 아니다(不道)'라고 한다.

제 31 장

(74)

병사란
글자君子의 기구器具가 아니다

대개 병사란 상서롭지 못한 기구이기 때문에 백성이 이를 싫어하는 것이다. 그러므로 백성과 친화하려고 하는 사람은 병사로써 다스리지 않는다. 군자가 다스리는 것은 부리는 것을 숭상하는 것이니, 군사를 부리는 것(용병)은 곧 강함을 숭상하는 것이다. 그러므로 병사란 군자의 기구가 아니다. 병사란 상서롭지 못한 기구이기 때문에 부득이하게 이를 사용하게 된다 하더라도 전쟁을 숭상하는 것이다. 전쟁이란 아름답지 못한 것이기 때문에 만약 이를 아름답게 여긴다면 이것은 살인을 좋아하는 것이니, 대저 살인을 즐긴다면 천하의 뜻을 얻지 못한다. 그리하여 좋은 일은 부리는 것을 숭상하고 나쁜 일은 강함을 숭상한다. 그래서 편장군은 부리는 것을 다스리고 상장군은 강함을 다스리는 것이니, 말하자면 상장군은 상례로써 이를 다스리는 것이다. 많은 사람을 죽이는 것은 비애로써 이를 다스리는 것이기 때문에 전쟁에서 승리하는 것은 상례로써 이를 다스리는 것이다.

君子居則貴左, 用兵則貴右.

군자가 다스리는 것은 부리는 것을 숭상하는 것이니, 용병하는 것은 강함을 숭상하는 것이다.

故曰兵者非君子之器, 不得已用之, 爲上. 弗美也, 美之, 是樂殺人.

그러므로 병사란 군자의 기구가 아니기 때문에 부득이하여 이를 사용한다 하더라도 이를 숭상하는 것이니, 아름답지 않은 것을 아름답게 여기는 이것은 살인을 즐기는 것이다.

夫樂殺人, 不可以得志于天下. 故吉事上左, 喪事上右.

대개 살인을 즐기는 것은 천하에서 뜻을 얻을 수 없다. 그러므로 길사吉事는 부리는 것을 숭상하고 상사喪事는 강함을 숭상한다.

是以偏將軍居左, 上將軍居右, 言以喪禮居之也.

그리하여 편장군은 부리는 것을 다스리나 상장군은 싸움터에서 강함을 다스리는 것이니, 말하자면 상례가 다스리는 것이다.

故殺人衆, 則以哀悲位之, 戰勝則以喪禮居之.

그러므로 많은 사람을 죽이면 곧 슬픔으로써 이를 다스리는 것이니 전쟁에서 승리한다면 상례로써 이를 다스리는 것이다.

夫兵者, 不祥之器〈也〉. 物或惡之. 故有欲者弗居.

夫兵者, 不祥之器也. 物或亞〈之, 故有裕者弗居〉.

대개 병사란 상서롭지 못한 기구이기 때문에 백성이 이를 싫어하는 것이다. 그러므로 (백성과) 친화하려고 하는 사람은 병사로써 다스리지 않아야 한다.

君子居則貴左, 用兵則貴右. 故兵者非君子之器也.

〈君子〉居則貴左, 用兵則貴右. 故兵者非君子之器.

군자가 다스리면 부리는 것을 숭상한다. 용병用兵(군사를 부림)하면 강함을 숭상하는 것이다. 그러므로 병사란 군자의 기구가 아니다.

〈兵者〉不祥之器也, 不得已而用之, 銛襲爲上.

兵者不祥〈之〉器也, 不得已而用之, 銛慵爲上.

병사란 상서롭지 못한 기구이기 때문에 부득이 하여 이를 사용하게 된다 하더라도 전쟁(銛襲)을 숭상하는 것이다.

勿美也, 若美之, 是樂殺人也. 夫樂殺人, 不可以得志於天下矣.

勿美也, 若美之, 是樂殺人也. 夫樂殺人, 不可以得志於天下矣.

(전쟁은) 아름답지 못하기 때문에 만약 이를 아름답게 여긴다면 이것은 살인을 좋아하는 것이니, 대저 살인을 즐긴다면 천하의 뜻을 얻지 못한다.

是以吉事上左, 喪事上右. 是以便將軍居左, 上將軍居右. 言以喪禮居之也.

是以吉事上左, 喪事上右. 是以便將軍居左, 上將軍居右. 言以喪禮居之也.

그리하여 좋은 일은 부리는 것을 숭상하고, 나쁜 일은 강함을 숭상하는 것이다. 그래서 편장군은 부리는 것을 다스리고 상장군은 강함을 다스리는 것이니, 말하자면 상장군은 상례喪禮로써 이를 다스리는 것이다.

殺人衆, 以悲依立之. 戰勝, 以喪禮處之.

殺〈人衆, 以悲哀〉立之. 〈戰〉朕, 而以喪禮處之.

많은 사람을 죽이는 것은 비애悲哀로써 이를 다스리는 것이기 때문에 전쟁에서 승리하는 것은 상례喪禮로써 이를 다스리는 것이다.

王本 ▶▶▶▶▶▶▶▶▶▶▶▶▶▶▶▶▶▶▶▶▶▶▶▶▶▶▶▶▶▶▶▶▶▶▶▶▶

夫佳兵者, 不祥之器. 物或惡之, 故有道者不處.

君子居則貴左, 用兵則貴右. 兵者不祥之器,

非君子之器, 不得已而用之, 恬淡為上.

勝而不美, 而美之者, 是樂殺人. 夫樂殺人者, 則不可以得志於天下矣.

吉事尚左, 凶事尚右. 偏將軍居左, 上將軍居右. 言以喪礼処之.

殺人之衆, 以哀悲泣之. 戰勝, 以喪礼処之.

용병은 전쟁하는 것이니 이것은 하나도 이롭지 못한 일이다. 사람들이 이것을 싫어하기 때문에 욕심이 있는 자조차도 용병을 하여 전쟁하려고 생각하지 않는 것이다.

군자는 왼쪽(左方)으로써 귀하게 여기고, 용병을 하는 자는 오른쪽(右方)으로써 귀하게 여긴다. 그러므로 용병이란 군자가 행하는 바가 아니다.

이것은 하나도 상서롭지 못한 일이 되므로 다만 부득이한 때에 사용하더라도 시기를 이용하고 게다가 사리사욕이 없음을 유지해야 한다.

이로써 아름다운 일이 아닌데, 만약 이로써 아름다운 일이라 여긴다면 이것은 살인을 좋아하는 것이다. 살인을 좋아하는 사람은 천하에서 뜻을 얻을 수 없다.

까닭에 길사吉事는 좌左로써 귀함이 되고, 상사喪事는 우右로써 귀함이 된다. 그러므로 편장군의 위치는 왼쪽에 있고, 상장군의 위치는 오른쪽에 있으니 이것은 용병을 하여 전쟁함으로써 상례喪禮를 처리하는 것을 설명하는 것이다.

살인이 많으면 머지않아 비애悲哀스런 심정으로 다른 사람들을 추도追悼하고, 설사 전쟁에서 승리한다 하더라도 상례로써 처치하려는 것이다.

物: 만물의 의미이며 백성을 비유하는 표현임.

有: 친하다(書經).

居: 다스리다(逸周書).

貴: 존숭하다(國語).

左: 特指御者(詩經·鄭風·淸人).

右: 强(後漢書·陳寵傳).

銛: 날카로울 섬.

襲: 엄습할 습. 섬습銛襲은 전쟁을 표현한 것 같음.

憹: 어그러질 롱.

염담恬淡: 명리를 탐내는 마음이 없어 담박함.

吉事: 경사스런 일. 길한 일.

喪事: 사람이 죽는 일.

便: 偏의 가차자.

偏將軍: 부사령관.

上將軍: 사령관.

喪禮: 상중에 행하는 예절.

依: 哀(슬플 애)의 가차자.

位: 居; 處.

泣: 울 읍.

천지는 서로 복합해야
감로가 되다

도는 무명이 영구한 것이니 순박함(道)이 비록 작다 하더라도 천지가 감히 복종시키지 못한다. 만약 왕과 제후가 이를 지킬 수만 있다면 만물(백성)이 장차 스스로 따르니, 천지(왕과 신하)가 서로 부합하고 이로써 감로로 변하면 관리가 명령하지 않더라도 모두가 스스로 평안해지고 비로소 유명有名(백성)이 편안해지면 이름(名, 제도, 법령) 역시 존재한다. 대개 장차 멈출 것을 안다면 멈출 것을 아는 까닭에 위태롭지 않다. 도를 천하에 비유하자면 마치 작은 계곡이 강해江海와 함께하는 것과 같은 것이다.

道恒亡名, 樸雖微, 天地不敢臣. 侯王如能守之, 萬物
將自賓. 天地相合也, 以踰甘露.

도는 무명無名이 영구한 것이니 순박함(道)이 비록 작다 하더
라도 천지가 감히 복종시키지 못한다. 만약 왕과 제후가 이를
지킬 수만 있다면 만물(백성)이 장차 스스로 따르니 천지(임
금과 신하)가 서로 부합하고 이로써 감로로 변하는 것이다.

民莫之命而自均安. 始折又名, 名亦旣又,

(그러면) 관리가 명령을 내리지 않더라도 스스로 모두가 편안
해진다. 비로소 유명有名(백성)이 편안해지면 이름(名, 제도)
역시 이미 존재한다.

夫亦將智止, 智止所以不殆. 譬道之在天下也, 猶小谷
之與江海.

대개 장차 멈출 것을 안다면 멈출 것을 알기 때문에 위태롭지
않은 것이다. 도를 천하에 비유하자면 마치 작은 계곡이 강해
와 함께하는 것과 같은 것이다.

道恒无名, 樸唯〈小, 而天下弗敢臣. 侯〉王若能守之,
萬物將自賓. 天地相谷, 以兪甘洛,

道恒无名, 樸唯小, 而天下弗敢臣. 侯王若能守之, 萬
物將自賓. 天地相合, 以兪甘洛,

도는 변치않는 무명이다. 순박함(道)은 비록 작다 하더라도

천하가 감히 복종시키지 못한다. 만약 왕후가 이를 지킬 수만 있다면 만물(백성)이 장차 스스로 따르니 천지가 서로 부합하고 이로써 감로甘露로 변하는 것이다.

民莫之〈令, 而自均〉焉. 始制有〈名, 名亦旣〉有.

〈民莫之〉令, 而自均焉. 始制有名, 名亦旣有.

그리하면 관리가 명령하지 않더라도 스스로 모두가 평안해지니 비로소 유명(백성)이 편안해지면 이름(名, 제도) 역시 이미 존재한다.

夫〈亦將知止, 知止〉所以不〈殆〉. 俾道之在〈天下也, 猶小〉浴之與江海也.

夫亦將知止, 知止所以不殆. 卑〈道之〉在天下也, 猶小浴之與江海也.

대개 장차 멈출 것을 안다면 멈출 것을 아는 까닭에 위태롭지 않다. 도를 천하에 비유하자면 마치 작은 계곡이 강해江海와 함께하는 것과 같은 것이다.

王本 ▶▶

道常無名. 樸雖小, 天下莫能臣也. 侯王若能守之, 萬物將自賓. 天地相合, 以降甘露,

民莫之令而自均. 始制有名, 名亦旣有.

夫亦將知止. 知止可以不殆. 譬道之在天下, 猶川谷之於江海.

도는 항상 이름을 지을 수가 없으나 이것은 곧 순박한 것이다. 비록 미세하여 볼 수가 없을지라도 천하의 그 어느 누구조차도 감히 그로 하여금 신복臣服하게 하지 못하는 것이다. 만약 왕후가 대도를 지킬 수만 있다면 천하의 만물과 자연이 모두 그에게 복종하게 될 것이다. 천지간 음양의 두 기가 서로 친하여 감로를 내린다면 백성은 명령을 내리지 않더라도 스스로 따르게 될 것이다.

도는 천지만물을 제작하면서 천지만물의 이름이 있었고 이름이 이미 있었던 바에야 이름은 존재하는 것이며 그만하면 벌써 적당한 정도에 도달하여 멈추게 되는 것이니 적당한 정도에 멈출 것을 깨달으면 위험을 만나지 않는다.

도로 하여금 천하에서 영원히 유지토록 하려고 하는 것이 마치 하류河流가 한 곳으로 흘러서 강해江海에 모여드는 모양과 같은 것이다.

註·解

无名: 명예를 추구하지 않음. 도의 다른 이름.	
楃: 樸의 가차자.	
賓: 좇을 빈. 복종하다.	
谷: 合의 誤字.	
相合: 서로 부합함.	

兪:	그러할 유. 偸(변할 투)와 통함.
洛:	露의 가차자.
감로甘露:	단 이슬(천하태평의 조짐으로서 하늘에서 내린다).
均:	조화됨, 평등하게 함.
制:	제도, 관리.
名:	제 1 장의 名이다. 이것은 제도나 이를 실행하는 관리의 의미 이다.
俾:	가까울 비. 좇다, 가깝다, ...로 하여금.
猶:	같을 유. ...와 같다.
浴:	谷의 가차자.

제 33 장

자신을 이기는 자가
강자이다

 남을 아는 자는 지혜롭지만 자신을 아는 자는 현명하다. 남을 이기는 자는 힘이 있지만 자신을 이기는 자는 강하다. 만족을 아는 자는 부유하나 억지로 행하는 자는 자기 욕심을 채우려는 마음이 있다. 근거지를 잃지 않은 자는 장구하나 죽더라도 잊혀지지 않는 자가 장수하는 것이다.

知人者知也, 自知〈者明也〉.

知人者知也, 自知者明也.

남을 아는 자는 지혜로우나 자신을 아는 자가 현명하다.

〈勝人〉者有力也, 自勝者〈强也〉.

朕人者有力也, 自朕者强也.

남을 이기는 자는 힘이 있으나 자신을 이기는 자가 강하다.

〈知足者富〉也, 强行者有志也.

知足者富也, 强行者有志也.

만족함을 아는 자는 부유하나 억지로 행하는 자가 사의私意가 있는 것이다.

不失其所者久也, 死不忘者壽也.

不失其所者久也, 死不忘者壽也.

근거지를 잃지 않은 자는 장구하나 죽더라도 잊혀지지 않는 자가 장수하는 것이다.

王本 ▶▶▶▶▶▶▶▶▶▶▶▶▶▶▶▶▶▶▶▶▶▶▶▶▶▶▶▶▶▶▶▶▶▶▶

知人者智, 自知者明.

勝人者有力, 自勝者强.

知足者富, 强行者有志.

不失其所者久, 死而不亡者壽.

==

타인을 똑똑히 아는 사람을 지혜가 있다고 하나, 자신을 이해하는 사람을 통달한다고 간주한다.

타인을 이기는 사람을 힘이 있는 사람이라고 하나, 자신을 이기는 사람을 강대하다고 부른다.

만족을 깨달으면 곧 영원히 풍부하며 넉넉하나, 위에서 아래로 내려가는 것을 견지堅持하면 곧 포부에 도달한다.

본성을 잃지 않으면 곧 장존長存할 수 있으나, 죽더라도 잊혀지지 않으면 곧 장수하는 것이다.

註·解

朕: 나 짐. 勝의 誤字.
强行: 억지로 행함, 강제로 시행함.
志: 사의私意(禮記. 자기 욕심을 채우려는 마음).
所: 근거지.

도道는 끈처럼
신축성이 있는 것이다

도는 물위에 뜬 모양처럼, 그것은 자유로울 수가 있기 때문에 성
공하고 성취하더라도 이름을 남기지 않는다. 만물이 복귀하더라도
주재하지 않고 변하지 않고 욕심이 없다면 작다고 이름을 붙일 수가
있다. 만물이 복귀하더라도 주재하지 않기 때문에 크다고 이름을 붙
일 수가 있는 것이다. 그리하여 성인은 대大를 이루더라도 이로써
그것을 크다고 하지 않기 때문에 큰 것을 이루는 것이다.

道〈渢呵, 其可左右也, 成功〉遂事而弗名有也.

道渢呵, 其可左右也. 成功遂〈事而〉弗名有也.

도는 물위에 뜬 모양처럼, 그것은 자유로울 수가 있기 때문에
성공하고 일을 성취하더라도 이름을 남기지 않는다.

萬物歸焉而弗爲主, 則恒无欲也, 可名於小. 萬物歸焉
〈而弗〉爲主, 可名於大.

萬物歸焉而弗爲主, 則恒无欲也, 可名於小. 萬物歸焉
而弗爲主, 可名於大.

만물이 복귀하더라도 주재하지 않고 변하지 않고 욕심이 없다
면 작다(小)고 이름을 붙일 수가 있다. 만물이 복귀하더라도
주재하지 않기 때문에 크다(大)고 이름을 붙일 수 있다.

是〈以〉聲人之能成大也, 以其不爲大也, 故能成大.

是以耵人之能成大也, 以其不爲大也, 故能成大.

그리하여 성인은 대大를 이루더라도 이로써 그것을 크다고 하
지 않기 때문에 큰 것을 이루는 것이다.

大道氾兮, 其可左右. 萬物恃之而生而不辭, 功成不名有.

衣養万物而不爲主, 常無欲, 可名於小. 万物帰焉而不
爲主, 可名爲大.

以其終不爲大, 故能成其大.

도는 광대하고 보편적인 모양이어서 왼쪽에 있을 수도 있고
또 오른쪽에 있을 수도 있으니 공적과 사업을 성취하더라도
자기의 공을 말하지 않고 만물이 자신에게 귀순歸順하더라도
주재主宰하지 않으므로 곧 대大라고 말할 수 있는 것이다.

그러므로 성인은 대大(主宰)가 될 수 있으니 바로 그로 인해
大가 된다고 고심하지 않는다. 따라서 대大를 이룰 수 있는 것
이다.

註·解

汎: 물소리 풍. 물 위에 뜬 모양.
左右: 마음대로 함.

도道는 담담하여
맛이 없는 것과 같다

대도를 지키면 천하가 쏠리고 천하가 쏠리더라도 해가 없으니 이
에 태평한 것이다. 음악과 음식은 지나치지 않아야 한다. 그러므로
도로써 이를 나타낸다면 '담담한 음식처럼 그것은 맛이 없는 것'과
같다고 하는 것이다. 이를 보더라도 견해가 부족한 것 같고, 이를
들더라도 견문이 부족한 것 같고, 이를 사용하더라도 부족하여 모두
없어진 것과 같은 것이다.

執大象, 天下往, 往而不害, 安平大.

대도를 지키면 천하가 쏠리고 천하가 쏠리더라도 해가 없으니 이에 태평한 것이다.

樂與餌, 過客止, 故道之出口, 淡乎其無味也.

음악과 음식은 지나치지 않아야 한다. 그러므로 도로써 이를 표현한다면 '담담하여 맛이 없는 것'과 같은 것이다.

視之不足見, 聽之不足聞, 而不可既也.

이를 보더라도 견해가 부족하고 이를 듣더라도 견문이 부족하나 없어질 수 없는 것이다.

甲本 乙本 ▶▶▶▶▶▶▶▶▶▶▶▶▶▶▶▶▶▶▶▶▶▶▶▶▶▶▶▶▶▶▶▶▶

執大象, 〈天下〉往; 往而不害, 安平大.

執大象, 天下往; 往而不害, 安平大.

대도大道를 지키면 천하가 쏠리고 쏠리더라도 해害가 없으니 이에 태평한 것이다.

樂與餌, 過格止. 故道之出言也, 曰談呵其无味也.

樂與〈餌〉, 過格止. 故道之出言也, 曰淡呵其无味也.

음악과 음식은 지나치지 않아야 한다.

그러므로 도로써 이를 나타낸다면 '담담한 음식처럼 그것은 맛이 없는 것'과 같다고 하는 것이다.

〈視之〉不足見也, 聽之不足聞也, 用之不可旣也.

視之不足見也, 聽之不足聞也, 用之不可旣也.

이를 보더라도 견해가 부족한 것 같고, 이를 듣더라도 견문이 부족한 것과 같고, 이를 사용하더라도 부족하여 모두 없어진 것과 같은 것이다.

王本 ►►

執大象, 天下往; 往而不害, 安平泰(太).

樂與餌, 過客止. 道之出口, 淡乎其無味.

視之不足見, 聽之不足聞, 用之不足旣.

訳文 ==

대도를 지키며 천하를 다스리는 데 사용하는 것이니 도를 사용하여 천하를 다스린다면 백성은 이로써 해가 되지 않으므로 이와 같은 모양이라야 곧 평화롭고 무사태평하다.

음악과 음식은 나그네로 하여금 정지할 수 있게 하고, 도를 말로 표현한다면 오히려 싱거워서 하나도 맛이 없다고 하는 것이니,

그것은 보나 보지 못하는 것과 같고, 들으나 또 들어도 이르지 않는 것과 같고, 사용하나 또 사용하기에 부족한 것과 같은 것이다.

執:	지키다.
大象:	無象之象(도를 말함).
往:	향하다, ~에 쏠리다.
平太:	太平.
安:	乃.
餌:	먹이 이.
格:	이를 격. 바로잡다, 궁구하다.
談:	淡(묽을 담)의 가차자.
旣:	이미 기. 다 없어짐.

'담담하여 맛이 없는 것'이란 부족하다는 의미이다. 음식이 맛이 싱겁다면 이는 맛이 없는 음식이니 배가 고플 경우라 하더라도 먹을 만큼만 섭취하고 그 이상은 섭취하지 않는다. 만약 음식이 맛이 있다면 과식하게 되는 것이다. 과식은 지나친 것을 말하는 것이다.

치도治道는
백성에게 보일 수 없는 노릇이다

장차 조세를 거두어 들이려고 한다면 반드시 잠깐 동안 조세를 펴서 백성의 삶을 풍요롭게 해야 한다. 장차 욕망을 없애려고 한다면 반드시 잠깐 동안 욕망에 푹 빠지도록 해야 한다. 장차 헤어지려고 한다면 반드시 그와 잠깐 동안 함께 지내야 한다. 장차 빼앗으려고 한다면 반드시 잠깐 동안 그것을 주어야 한다. 이것을 '속이 깊은 지려智慮'라고 하는데, 약한 것이 강한 것을 이기는 것이다. 고기는 연못을 벗어날 수 없고 국가의 이기利器는 남에게 보일 수 없는 노릇이다.

將欲拾之, 必古張之;

將欲(翕)之, 必古張之;

장차 이를 수렴收斂(조세를 거두어 들임)하려고 한다면 반드시 잠시 이를 펴서 백성의 삶을 풍요롭게 해야 하고

將欲弱之, 〈必固〉强之;

將欲弱之, 〈必固〉强之;

장차 욕망을 약하게 하려면 반드시 잠시 이를 강하게 해야 하고

將欲去之, 必古與之;

將欲去之, 必古與之;

장차 이별하려고 한다면 반드시 그와 잠시 함께 해야 하고

將欲奪之, 必古予之;

將欲奪之, 必古予之;

장차 빼앗으려고 한다면 반드시 잠시 그것을 주어야 하는 것이다.

是胃微明. (友)弱勝(剛)强. 魚不〈可〉脫於瀟, 邦利器不可以視人.

是胃微明. 柔弱朕(剛)强. 魚不可說於淵, 國利器不可以示人.

이것을 '속이 깊은 지려智慮'라고 하는데, 유약柔弱함이 강강剛强함을 이기는 것이다. 고기는 연못을 벗어날 수 없고 국가의 이

기리기(治道)는 남(백성)에게 보일 수가 없는 노릇이다.

▶▶▶▶▶▶▶▶▶▶▶▶▶▶▶▶▶▶▶▶▶▶▶▶▶▶▶▶▶▶▶▶▶▶▶▶▶▶

將欲歙之, 必固張之;

將欲弱之, 必固强之;

將欲廢之, 必固興之;

將欲奪之, 必固與之.

是謂微明. 柔弱勝剛强. 魚不可脫於淵, 國之利器不可
以示人.

訳文 ===

장차 다른 것을 거두어 모으려면 반드시 잠시 먼저 그것을 펼
쳐야 하고,

장차 다른 것을 약화시키려면 반드시 잠시 먼저 그것을 강하
게 해야 하며,

장차 다른 것을 버려두고 돌보지 않으려면 반드시 잠시 먼저
그것과 교제해야 하고,

장차 다른 것을 빼앗으려면 반드시 잠시 먼저 그것을 주어야
하는 것이다.

이것을 미명微明(속이 깊은 지려智慮)이라 부르니 '유약한 것이 강한
것을 이기다'라고 한다. 고기가 깊은 연못을 벗어날 수는 없는 일이
고 국가의 위엄이 있는 권위는 남에게 줄 수 없는 것이다.

歙: 주을 습. 撿의 古字이고, 撿은 翕(거둘 흡, 수렴함)이며, 歙 (거둘 흡)은 '수렴함'의 의미임.

古: 姑(잠시 고)의 가차자.

張: 펴 넓힘, 벌림.

微明: 속이 깊은 지려智慮(슬기롭고 민첩한 생각).

剛强: 굳세다, 억세다.

說: 脫(벗어날 탈)과 통함.

주고서 빼앗는 것이다. 고기를 잡으려면 먼저 미끼를 던져야 하듯이 정치 역시 마찬가지이다.

제 37 장

도는
무명의 순박함이
충만한 것이다

도는 무명이 영구한 것이니 만약 왕후가 도를 지킬 수 있다면 백성이 장차 스스로 교화할 것이다. 만약 백성을 교화하여 움직이게 하고자 한다면 나는 장차 무명의 순박함으로 백성을 충만하게 할 것이다. 무명의 순박함으로 백성을 충만하게 한다면 대저 장차 욕되지 않을 것이다. 만약 고요함으로써 욕되지 않으면 천지는 장차 스스로 바르게 될 것이다.

道恒亡爲也, 侯王能守之, 而萬物將自化. 化而欲作, 將貞之以亡名之樸.

도는 늘 무위하는 것이니 만약 제후와 왕이 이를 지킬 수 있다면 만물은 장차 스스로 변화(교화)하게 될 것이다. 변화하도록 움직이고자 한다면 장차 무명의 순박함으로써 이를 바르게 해야 할 것이다.

夫亦將智足, 智以靜, 萬物將自定.

대저 역시 장차 만족함을 알고 지혜를 사용하지 않는다면 만물은 장차 스스로 안정될 것이다.

道恒无名, 侯王若守之, 萬物將自〈化〉. 〈化〉而欲〈作, 吾將闐之以无〉名之樸.

道恒无名, 侯王若能守之, 萬物將自化. 化而欲作, 吾將闐之以无名之樸.

도는 무명이 영구한 것이니 만약 왕후가 도를 지킬 수 있다면 만물은 장차 스스로 교화할 것이다. 만약 교화하여 움직이게 하고자 한다면 나는 장차 무명의 순박함으로 백성을 충만하게 할 것이다.

〈闓之以〉无名之桎, 夫將不辱. 不辱以情, 天地將自正.

闓之以无名之樸, 夫將不辱. 不辱以靜, 天地將自正.
〈道經: 二千四百二十六字(2,416자)〉

무명의 순박함으로 백성을 충만하게 한다면 대저 장차 욕되지
않을 것이다. 만약 고요함으로써 욕되지 않으면 천지는 장차
스스로 바르게 될 것이다.

王本 ▶▶

道常無爲而無不爲, 侯王若能守之, 萬物將自化. 化而
欲作, 吾將鎭之以無名之樸.

無名之樸, 夫亦將不欲. 不欲以靜, 天下將自定.

訳文 ==

도는 혼돈하고 이름을 지을 수가 없으나 만약 왕후가 이 무명
의 도를 지킬 수만 있다면 장차 천지자연이 만물을 만들어 자
라게 할 것이다. 만물을 만들어 자라게 하고 또 성과가 있을
것으로 상상해 본다면 나는 곧 무명의 도를 이용하여 그것을
제지할 것이다. 무명의 도를 이용하여 제지하면 그것은 장차
능욕에 이르지 않고, 능욕을 취하지 않으면 곧 조용해질 것이
다.

그러므로 천하는 곧 스스로 안정하는 것이다.

註·解

无名: 명예를 추구하지 않는 것.	
萬物: 백성.	
焉: 음을 가차하여 化가 됨.	
闐: 찰 전. 충만함.	
鎭: 누를 진. 제지하다.	

德經

제 38 장

(1)

상덕은
덕이 있는 체하지 않기 때문에
덕이 있는 것이다

높은 덕은 덕을 드러내지 않기 때문에 덕이 있고 낮은 덕은 덕을 잃지 않으려고 하기 때문에 덕이 없는 것이다. 높은 덕이 무위를 시행하고 높은 仁도 무위를 시행하나, 높은 義는 이를 억지로 시행하려고 하고 높은 禮도 이를 억지로 시행하려고 하는 것이다. 그러므로 도를 잃은 다음에 덕이 있고 덕을 잃은 다음에 仁이 있고 인을 잃은 다음에 義가 있고 의를 잃은 다음에 禮가 있는 것이다. 대개 禮란 충신忠信이 가볍기 때문에 어지러움의 첫째가 되고, 예견豫見이란 도의 겉치레이기 때문에 어리석음의 첫째가 되는 것이다. 그리하여 대장부는 순후하게 처세하며 경박하게 처세하지 않고, 참되게 처세하며 허식으로 처세하지 않는 것이다. 그러므로 경박함과 허식을 버리고 순후함과 참됨을 취하는 것이다.

〈上德不德, 是以有德; 下德不失德, 是以无〉德.

上德不德, 是以有德; 下德不失德, 是以无德.

최상의 덕(上德)은 덕을 드러내지 않기 때문에 덕이 있으나, 최하의 덕(下德)은 덕을 잃지 않으려고 하기 때문에 덕이 없는 것이다.

上德无〈爲而〉无以爲也. 上仁爲之〈而无〉以爲也. 上義爲之而有以爲也. 上禮〈爲之而莫之應也, 則〉攘臂而乃之.

上德无爲而无以爲也. 上仁爲之而无以爲也. 上德(義)爲之而有以爲也. 上禮爲之而莫之(應)也, 則攘臂而乃之.

최상의 덕은 이를 무위로써 시행하고 최상의 인(仁) 역시 이를 무위로써 시행하나, 최상의 의(義)는 이를 시행하더라도 억지로 시행하려 하고 최상의 예(禮)는 이를 시행하더라도 이에 호응이 없으면 소매를 걷어붙이고 이를 그대로 따르려고 하는 것이다.

故失道而后德, 失德而后仁, 失仁而后義, 〈失義而后禮〉.

故失道而后德, 失德而句(后)仁, 失仁而句(后)義, 失義而句(后)禮.

그러므로 도(道)를 잃은 다음에 덕(德)이 있고, 덕(德)을 잃은 다음에 인(仁)이 있고, 인(仁)을 잃은 다음에 의(義)가 있고, 의(義)를 잃은 다음에 예(禮)가 있는 것이다.

〈夫禮者, 忠信之泊也〉, 而亂之首也. 〈前識者〉, 道之華也, 而愚之首也.

夫禮者, 忠信之泊也, 而亂之首也. 前識者, 道之華
也, 而愚之首也.

대개 예禮란 충신忠信이 가볍기 때문에 어지러움의 첫째가 되
고, 예견豫見이란 도道의 겉치레일 뿐이기 때문에 어리석음의
첫째가 되는 것이다.

是以大丈夫居其厚而不居其泊; 居其實不居其華. 故去
皮取此.

是以大丈夫居〈其厚而不〉居其泊;　居其實不居其華.故
去罷而取此.

그리하여 대장부는 순후淳厚하게 처세하며 경박輕薄하게 처세
하지 않고, 참되게 처세하며 허식虛飾으로 처세하지 않는다.
그러므로 저것(前者. 경박과 허식)을 버리고 이것(後者. 순
후와 참됨)를 취하는 것이다.

王本 ►►

上德不德, 是以有德; 下德不失德, 是以無德.

上德無為而無以為. 下德為之而有以為. 上仁為之而無以
為. 上義為之而有以為. 上礼為之而莫之応, 則攘臂而扔之.

故失道而後德, 失德而後仁, 失仁而後義, 失義而後礼.

夫礼者, 忠信之薄而乱之首. 前識者, 道之華, 而愚之始.

是以大丈夫処其厚不居其薄; 処其実不居其華. 故居彼
取此.

상덕의 사람은 덕을 구하려고 고심하지 않기 때문에 그는 덕이 있는 것이고, 하덕의 사람은 덕을 구하려고 고심하기 때문에 그는 덕이 없는 것이다.

상덕의 사람은 자연을 따르면서 무심하게 행위하고, 上仁의 사람은 행위에 있으면서 무심하게 행위하며, 上義의 사람은 행위하는 바가 있으면서 有心하게 행위하고, 上禮의 사람은 행위하는 바가 있으면서 사람들이 그에게 호응하지 않으면 그는 사람들을 강제로 그에게 복종하도록 하는 것이다.

그러므로 도를 잃은 연후에는 곧 德이 출현하고, 덕을 잃은 연후에는 곧 仁이 출현하며, 인을 잃은 연후에는 곧 義가 출현하고, 義를 잃은 연후에는 곧 禮가 출현하는 것이다.

禮란 충신이 부족한 것을 상징하는 것이니 또한 이것은 재난과 변란이 시작되는 것이고, 미리 아는 것(先知, 선각자, 예언자)이란 도의 허화虛華(겉치레, 실속 없는 격식)이니 또한 이것은 우매함이 시작되는 것이다.

이 때문에 대장부는 응당 돈후한 지경에서 처신하며 경박한 지경에서 처신하지 않고, 순박한 지경에 처하며 겉치레의 지경에 처하지 않는 것이다. 까닭에 응당 경박과 겉치레는 버리고 돈후와 박실朴實(소박, 검소)을 취하는 것이다.

上德: 더할 나위 없이 훌륭한 덕. 최상의 덕.

上德不德: 최상의 덕이 있는 사람은 덕이 있는 체하지 아니 함.

是以: 그래서, 그러므로.

下德: 용맹스럽고 과감하게 무리를 모아 병사를 거느리는 것(장자의 도척편盜跖篇).

無爲: 자연 그대로이며 인위를 보탬이 없음.

上仁: 최상의 어짐.

上義: 최고의 義.

上禮: 최고의 禮.

攘臂: (걷을 양, 팔 비). 소매를 걷어붙이다(적극적인 행동, 강행).

泊: 조용할 박. 薄(얇을 박)과 同字. 가볍다.

忠信: 성실하고 거짓이 없음.

前識: 미리 알다. 先見之明.

華: 겉치레.

始: 首.

皮: 彼의 가차자.

가장 높은 덕德은 덕을 자랑하지 않기 때문에 덕이 있으나 가장 낮은 덕德은 덕을 자랑하기 때문에 덕이 사라지는 것이다.

가장 높은 덕德은 무위 즉, 자연처럼 덕을 베풀고 가장 높은 仁은 자연스럽게 인仁을 시행하는 것이다.

그러나 가장 높은 義라 하더라도 有爲(人爲)로써 義를 시행하려 하고 가장 높은 禮라 하더라도 有爲(人爲)로써 禮를 시행하려 하기 때문에 이에 호응이 없으면 억지로 행하며 그것을 그대로 따르려고 하는 것이다.

그러므로 道를 잃고 난 다음에 德이 있고 德을 잃고 난 다음에 仁이 있고 仁을 잃고 난 다음에 義가 있고 義를 잃고 난 다음에 禮가 있는 것이다.

대개 禮라고 하는 것은 충신이 가볍기 때문에 생기는 것이니 어지러움의 첫째가 되고, 미래를 예견한다는 것은 현재가 불안정하기 때문에 생기는 것이니 어리석음의 첫째가 되는 것이다.

그리하여 대장부는 순후하게 처세하며 경박하게 처세하지 않고, 참되게 처세하며 허식으로 처세하지 않는 것이다.

그러므로 겉치레(경박과 허식)를 버리고 도道(순후와 소박)를 취하는 것이다.

德은 〈형이하적인 실천이며 원리인 도를 행하여 체득한 품성(개인이 가지고 있는 품격과 성질)이다〉. 〈똑바른 마음(字源)〉〈공덕 또는 이익(國語)〉〈교화教化 또는 행복(禮記)〉〈은혜恩惠(詩經)〉이다.

그러므로 덕은 '백성을 교화하고 은혜를 베푸는 도의 실행'을 말하는 것이다.

한비자의 해로편解老篇에서 덕德을 다음과 같이 설명하고 있다.

『德은 내면에서 갖추는 것이고 得은 외부로부터 얻어지는 것이다. 노자의 '최상의 덕은 덕이 있는 체하지 않으므로 덕이 있다'란 그 정신이 바깥 사물에 의해서 얻어지는 것이 아니라는 것이다.

정신이 외물에 의하여 어지러워지지 않으면 그 몸이 온전하고 그 몸이 온전한 것을 덕이라고 한다. 그러므로 덕은 스스로 얻는 것이며 결코 외물에 의하여 얻어지는 것이 아닌 것이다.

무릇 덕이란 무위로써 모이고, 무욕으로써 이루어지며, 생각하지 않음으로써 안정되고, 사용하지 않음으로써 견고해지는 것이다.

덕을 얻으려고 하면 덕은 머물지 않고 덕이 머물지 않으면 완전하지 못한 것이다.

덕을 사용하려고 한다면 견고하지 못하고 견고하지 못하면 공이 없는 것인데, 공이 없으면 덕을 야기한다. 덕은 곧 덕이 사라지고 덕이 아니면 덕이 있으므로 '최상의 덕은 있는 체하지 않으므로 덕이 있는 것이다'라고 말하는 것이다.

따라서 무위, 무사無思, 허심虛心을 소중하다고 하는 까닭은 그 뜻이 외물의 제약을 받지 않기 때문이다. 도를 터득하지 못한 사람이 새삼스럽게 무위하고 무사하고 허심하려고 하는 것이다.

무릇 이렇게 무위하고 무사하고 허심하고자 하는 사람은 그 뜻이 항상 허심을 의식하고 있기 때문에, 이로써 마음을 비우고자 하더라도 벌써 외물에 묶여 있는 셈이 되는 것이다.

허심이란 그 뜻이 외물에 제약되지 않음을 말하는 것이다. 그런데도 당장 마음을 비워야 하겠다는 그 생각에 붙들려 있다면 곧 마음을 비우지 못한 것이 된다. 마음을 비운 사람이 무위한 상태에서 무위를 행해야 하겠다는 생각조차도 늘 갖지 말아야 하는 것이다. 무위하겠다는 생각을 항상 갖지 않는다면 마음을 비울 수 있고 마음을 비우면 곧 덕이 왕성해지며 덕이 왕성해지면 그것을 상덕이라고 하는 것이다.

그러므로 노자가 말하기를 '최상의 덕은 무위하면서 어떠한 일도 하지 않음이 없는 것이다'라고 하였다.」

고귀함은
하천으로 근본을 삼다

'옛날에 도를 얻다'란 '하늘이 도를 얻고서 맑아진 것, 땅이 도를 얻고서 편안해진 것, 神이 도를 얻고서 영혼이 된 것, 계곡이 도를 얻고서 채워진 것, 왕후가 도를 얻고서 천하의 바름이 된 것'을 의미하는 것이다.

그 도가 작용하는 까닭은 '하늘이 장차 맑음을 잃지 않으려고 조심하는 마음, 땅이 장차 편안함을 선동하지 않으려고 조심하는 마음, 신이 장차 영혼을 지속하려고 조심하는 마음, 계곡이 장차 가득 찬 것을 고갈하지 않으려고 조심하는 마음, 왕후가 장차 고귀함을 지속하려고 조심하는 마음' 때문이다.

그러므로 귀함은 반드시 천함으로써 근본이 되고 높음은 반드시 낮음으로써 근본이 되는 것이다. 대개 왕후 자신을 '고과'나 '불선'이라고 자칭하는 것은 그 천함이 근본이기 때문이 아니겠는가?

따라서 명예를 추구하면 명예가 이르지 않는 것이다. 그리하여 행복을 추구하지 않으면 옥처럼 귀하고 장대함을 구하지 않으면, 돌처럼 견고한 것이다.

甲本 乙本 ▶▶▶▶▶▶▶▶▶▶▶▶▶▶▶▶▶▶▶▶▶▶▶▶▶▶▶▶▶▶▶▶▶▶

昔之得一者, 天得一以淸, 地得〈一〉以寧, 神得一以霝, 浴得一以盈, 侯〈王得一〉而以爲〈天下〉正.

昔之得一者, 天得一以淸, 地得一以寧, 神得一以霝, 浴得一以盈, 侯王得一以爲天下正.

'옛날에 도道를 얻다'란 '하늘은 도를 얻음으로써 맑아졌고, 땅은 도를 얻음으로써 편안해졌고, 신神은 도를 얻음으로써 영혼이 되었고, 계곡은 도를 얻음으로써 채워졌고, 왕후王侯는 도를 얻음으로써 천하의 바름(正)이 되었다.'라는 의미이다.

其致之也, 胃天毋已淸將恐〈裂〉, 胃地毋〈已寧將〉恐〈發〉, 胃神毋已霝〈將〉恐歇, 胃浴毋已盈將恐渴, 胃侯王毋已貴〈以高將恐蹶〉.

其至也, 胃天毋已淸將恐蓮, 地毋已寧將恐發, 神毋〈已霝將〉恐歇, 浴毋已〈盈〉將渴, 侯王毋已貴以高將恐(蹶).

그 도가 이르는 까닭은 '하늘이 장차 맑음을 잃지 않으려고 조심하는 마음, 땅이 장차 편안함을 선동하지 않으려고 조심하는 마음, 신神이 장차 영혼을 지속하려고 조심하는 마음, 계곡이 장차 가득 찬 것을 고갈하지 않으려고 조심하는 마음, 제후가 장차 고귀함을 지속하려고 조심하는 마음' 때문이다.

故必貴而以賤爲本, 必高矣而以下爲基. 夫是以侯王自
胃孤寡不(穀). 此其〈以賤之本與, 非也〉?

故必貴以賤爲本, 必高矣而以下爲基. 夫是以侯王自
胃孤寡不(穀). 此其賤之本與, 非也?

그러므로 귀貴함은 반드시 천賤함으로써 근본이 되고 높음은
반드시 낮음으로써 근본이 된다. 대개 왕후가 자신을 '고과孤
寡'나 '善하지 못하다(不善)'라고 자칭하는 것, 이것은 그 천賤
함이 근본이기 때문이 아니겠는가?

故致數與无與. 是故不欲〈祿祿〉若玉, 硌〈硌若石〉.

故至數與无與. 是故不欲祿祿若玉, 硌硌若石.

따라서 명예를 추구하면 명예가 이르지 않는다. 그리하여 행
복을 추구하지 않으면, 옥玉처럼 귀하고 장대함을 추구하지
않으면 돌처럼 견고하다.

王本 ▶▶▶▶▶▶▶▶▶▶▶▶▶▶▶▶▶▶▶▶▶▶▶▶▶▶▶▶▶▶▶▶▶▶▶▶

昔之得一者, 天得一以清, 地得一以寧, 神得一以靈,
谷得一以盈, 萬物得一以生, 侯王得一以爲天下貞.

其致之, 天無以清將恐裂, 地無以寧將恐發, 神無以靈
將恐歇, 谷無以盈將恐竭, 万物無以生將恐滅,

侯王無以貴高將恐蹶. 故貴以賤為本, 高以下為基.

是以侯王自謂孤寡不穀. 此非以賤為本邪, 非乎?

故致数與無與. 不欲琭琭如玉, 珞珞如石.

고래古來로부터 도道가 유有를 얻었던 바, 하늘은 도를 얻고서 청명하였고, 땅은 도를 얻고서 안녕하였으며, 神은 도를 얻고서 영험하였고, 계곡은 도를 얻고서 충영充盈하였으며, 제후는 도를 얻고서 곧 천하의 주군主君이 될 수가 있었다.

진일보한 이것의 설명으로서, 하늘이 도로써 근본이 되지 않는다면 그 청명은 장차 잃게 될 것이고, 땅이 도로써 근본이 되지 않는다면 그 영정寧靜은 장차 변동할 것이며, 신神이 도로써 근본이 되지 않는다면 그 영험은 곧 쇠진할 것이고, 계곡이 도로써 근본이 되지 않는다면 그 충영充盈(충만)은 장차 물이 마르게 될 것이며, 제후가 도로써 근본이 되지 않는다면 고귀함은 장차 쓰러지게 될 것이다.

이 때문에 신분의 귀함은 일정하게 천함으로써 근본이 되는 것이고, 높은 지위는 일정하게 낮은 지위로써 기초가 되는 것이다.

까닭에 제후가 자신을 '고아, 과부, 훌륭하지 못하다(不穀)'라고 자칭하는 것이다. 이것은 천함으로써 근본이 된 것이니 그렇잖겠는가?

이 때문에 영예를 추구하면 곧 영예에 이르지 못하는 것이다. 까닭에 옥과 같은 아름다움을 원치 않는 것이고 돌과 같은 천함을 얻으려는 것이다.

昔: 예 석. 옛날.

一: 道.

霝: 비올 령. 靈의 생략.

浴: 谷의 가차자.

侯王: 제후. 이것은 전국시대 이후의 단어임.

之: 道를 가리킴.

胃: 위謂(까닭)의 가차자.

毋: 無와 同字.

已: 以와 통용함.

毋已(無以): 할 수 없다.

裂: 찢을 렬. 蓮과 음이 가까워 이를 가차함.

恐: 조심하는 마음.

發: 선동煽動.

歇: 다할 헐.

渴: 목마를 갈. 고갈하다.

(蹶): 기쁠 궐. 蹶(넘어질 궐)의 생략.

自胃(自謂): 自稱.

孤寡: 고아나 과부의 의미로서 왕후가 자기를 낮추어 이르는 말

穀: 곡식 곡. 善(鄭玄).

與와 邪: 어조사.

與: 輿(수레 여, 譽[莊子])의 誤字.

數: 꾀하다.

祿祿: 복 록. 행복.

硌: 바위 락. 산 위의 큰 바위. 장대한 모양.

琭: 옥 록.

珞: 구슬목걸이 락.

시작이 좋아야
결과도 좋다

　도가 높은 사람이 도를 들으면 이를 부지런히 실행하고, 도가 중간인 사람이 도를 들으면 이를 반신반의하고, 도가 낮은 사람이 도를 들으면 이를 크게 비웃는다. 도를 보고 비웃지 말라. 부족함을 도라고 하는 것이다. 그리하여 예로부터 전해오는 속담에, "밝은 도는 결핍함과 같고, 나아가는 도는 물러남과 같고, 평이한 도는 불공평함과 같고, 높은 덕은 계곡과 같고, 매우 결백함은 욕됨과 같고, 넓은 덕은 부족함과 같고; 강건한 덕은 천박함과 같고, 가식이 없고 진실함은 공허함과 같고, 매우 방정함은 구별하지 않음과 같고, 큰 그릇은 늦게 이루어짐과 같고, 큰 소리는 소리가 희박함과 같고, 천체의 현상은 형상이 없음과 같고, 도가 숨은 것은 무명과 같은 것이다."라고 하였다. 대개 道란 시작이 좋아야 결과 역시 좋은 것이다.

上士聞道, 勤能行于其中. 中士聞道, 若聞若亡. 下士
聞道, 大笑之. 弗大笑, 不足以爲道矣.

도가 높은 사람이 도를 들으면 부지런히 치우치지 않은 순정
한 덕을 행할 수 있고, 도가 중간인 사람이 도를 들으면 듣는
둥 마는 둥 할 것이고, 도가 낮은 사람이 도를 들으면 크게
비웃을 것이다. 크게 비웃지 말라. 부족함을 도라고 하는 것
이다.

是以〈建言〉又之: 明道如昧, 夷道如類, 進道如退, 上
德如谷, 大白如辱, 廣德如不足, 建德如偸, 質貞如愉,
大方亡隅, 大器曼成, 大音希聲, 大象亡形.

그리하여 예로부터 전해오는 속담에, "밝은 도는 결핍함과 같
고, 나아가는 도는 물러남과 같고, 평이한 도는 불공평함과
같고, 높은 덕은 계곡과 같고, 매우 결백함은 욕됨과 같고,
넓은 덕은 부족함과 같고, 강건한 덕은 천박함과 같고, 가식
이 없고 진실함은 공허함과 같고, 매우 방정함은 구별하지 않
음과 같고, 큰 그릇은 늦게 이루어짐과 같고, 큰 소리는 소리
가 희박함과 같다."라 했다.

〈上士聞道, 堇能行之; 中士聞道, 若存若亡; 下士聞
道, 大笑之. 弗笑, 不足以爲道〉.

上〈士聞〉道, 堇能行之. 中士聞道, 若存若亡. 下士聞
道, 大笑之. 弗笑, 〈不足〉以爲道.

도가 높은 사람이 도를 들으면 부지런히 이를 실행하고,

도가 중간인 사람이 도를 들으면 이를 반신반의半信半疑하고,

도가 낮은 사람이 도를 들으면 이를 크게 비웃는다.

비웃지 말라. 부족함을 도道라고 한다.

〈是以建言有之曰〉;

그리하여 예로부터 전해오는 속담에,

"〈明道如費〉, "밝은 도(明道)는 결핍함과 같고

〈進道如退〉, 나아가는 도(進道)는 물러남과 같고

〈夷道如纇〉. 평이한 도(夷道)는 불공평함과 같고

〈上德如浴〉, 높은 덕(上德)은 계곡과 같고

〈大白如辱〉. 매우 결백함(大白)은 욕됨과 같고

〈廣德如不足〉, 넓은 덕(廣德)은 부족함과 같고

〈建德如偸〉. 강건한 덕(建德)은 천박함과 같고

〈質眞如渝〉. 가식이 없고 진실함은 공허함과 같고

〈大方无禺〉, 매우 방정함(大方)은 구별하지 않음과 같고

〈大器免成〉. 큰 그릇은 늦게 이루어짐과 같고

〈大音希聲〉, 큰 소리(大音)는 소리가 희박함과 같고

〈天象无刑〉, 천체의 현상(天象)은 무형無形과 같고

〈道(隱)无名〉. 도道가 숨은 것은 무명無名과 같다."라고 하였다.

〈夫唯〉道, 善〈始且善成〉. 대개 도道란 시작이 좋아야 결과
역시 좋은 법이다.

是以建言有之曰;

　"明道如費, 進道如退, 夷道如類. 上德如浴, 大白如辱. 廣德如不足, 建德如〈偸〉. 質〈真如渝〉. 大方无隅, 大器免成. 大音希聲, 天象无刑, 道(隱)无名."
　夫唯道, 善始且善成.

王本 ►►

　上士聞道, 勤而行之. 中士聞道, 若存若亡. 下士聞道, 大笑之. 不笑, 不足以爲道.

　故建言有之; 明道若昧, 進道若退, 夷道若類. 上德若谷, 大白若辱. 広德若偸, 質真若渝.[広德若不足, 建德若偸] 質真若渝. 大方無隅, 大器晩成, 大音希声, 大象無形, 道隱無名. 夫唯道, 善貸且成.

訳文 ═══

상사가 도를 들으면 곧 도를 장악하여 행사하려고 노력하고, 중사가 도를 들으면 경우에 따라서는 생각해 내서 행하고 경우에 따라서는 잊어 버리며, 하사가 도를 들으면 도를 비웃으나 곧 부족이 도를 이루는 것이다.

그러므로 속담에 이와 같은 이야기가 있으니,

"光明한 도는 마치 어두운 것과 같고 전진하는 도는 마치 후퇴하는 것과 같고,

평안한 도는 마치 위험한 것과 같고,

숭고한 덕은 마치 속세에 묻힌 것과 같고,

광대한 덕은 마치 부족한 것과 같고,

강건한 덕은 마치 게으른 것과 같고,

질박한 덕은 마치 위선과 같고,

가장 결백한 상은 오점이 있는 것과 같고,

가장 방정한 상은 귀퉁이가 없는 것과 같고,

가장 위대한 인물(그릇)은 늦게 한 점의 재능을 성취하려고 하는 것과 같고,

가장 큰 음향의 상은 소리가 없는 것과 같고,

가장 큰 형상은 형상이 없는 것과 같은 것이다."라고 하였다.

도는 비상하게 크기 때문에 그것은 말로 설명할 수 없는 것이다.

註·解

上士: 덕이 뛰어난 사람, 도덕이 고상한 사람.
中士: 덕행이 중간인 사람.
下士: 재능과 덕행이 모자라는 사람.
菫: 진흙 근. 僅(겨우 근)과 통용함.
若存若亡: 반신반의半信半疑.

亡: 고대에는 忘과 통함.

建言: 옛날부터 전해오는 속담.

明道: 밝은 도, 도를 밝힘.

費: 쓸 비. 써서 없어지다, 결핍함.

進道如退: 전진하는 도는 오히려 후퇴하는 것과 같음.

夷道: 평이한 도.

類: 무리 류. 불공평하다, 치우치다.

上德: 최상의 덕.

浴: 谷의 가차자.

大白: 아주 결백함.

廣德: 넓은 덕.

建德: 강건한 덕.

偸: 훔칠 투. 천박하다.

質眞: 가식이 없고 진실함.

渝: 변할 투. 넘쳐흐름, 공허(高亨).

大方: 매우 방정하다.

大象: 天象(천체의 현상).

제 40 장

상대는 도의 움직임이고 유약柔弱은 도의 사용이다

상대적인 것은 도의 움직임이고 유약柔弱한 것은 도의 사용이다.
천하의 만물은 有에서 생겨나고 有는 無에서 생겨난다.

죽간甲(19) ▸▸▸▸▸▸▸▸▸▸▸▸▸▸▸▸▸▸▸▸▸▸▸▸▸▸▸▸▸▸▸▸▸▸▸▸

返也者, 道動也. 弱也者, 道之用也.

天下之物生于又, 生又亡.

甲本 乙本 ▸▸▸▸▸▸▸▸▸▸▸▸▸▸▸▸▸▸▸▸▸▸▸▸▸▸▸▸▸▸▸▸▸

〈反也者〉, 道之動也; 弱也者, 道之用也.

反也者, 道之動也; 〈弱也〉者, 道之用也.

상대적相對的인 것은 도道의 움직임이고 유약柔弱한 것은 도道
의 사용이다.

天〈下之物生於有, 有生於无〉.

天下之物生於有, 有〈生〉於无.

천하의 만물은 '유有'에서 생겨나고 '유有'는 '무無'에서 생겨난
다.

王本 ▸▸▸▸▸▸▸▸▸▸▸▸▸▸▸▸▸▸▸▸▸▸▸▸▸▸▸▸▸▸▸▸▸▸▸▸▸▸

反者道之動, 弱者道之用.

天下萬物生於有, 有生於無.

순환이 왕복하는 것이란 도의 운동이고 유약柔弱이란 도의 효
용이다.

천하의 만물은 천지가 있은 다음에 생겨났고 천지는 무명의
어머니에게서 또한 생겨난 것이다.

註·解

反: 反對(莊子).

정치는 대상인 백성이 있어야 작용하는 것이고 정치의 방법은 유
약柔弱함이라야 백성의 삶이 편안하고 풍요로운 것이다.

그러므로 상대적인 백성이 존재해야 치도治道가 작용하고 정치의
방법으로서는 유약함을 사용하는 것이다.

천하는 국가, 만물은 백성(자식), 유有(어머니. 제도. 名)는 풍
요로움, 무無(아버지. 治道. 道)는 정치를 비유한다.

그러므로 국가는 백성을 풍요롭게 해주어야 하고 풍요롭게 해주
려고 한다면 정치를 잘 해야 하는 것이다.

만물은 등에 음을 지고 가슴에 양을 품다

도는 하나를 낳고 하나는 둘을 낳고 둘은 셋을 낳고 셋은 만물을 낳는다. 만물이 등에 음을 지고 가슴에 양을 품으니 중기中氣로써 조화한다. 천하가 모두 싫어하여도 王公은 오직 자신을 고과孤寡나 불선不善이라 칭한다. 왜냐하면 사물은 혹 어떤 것이 손해를 보더라도 다른 것이 이익을 보고 혹 어떤 것이 이익을 보더라도 다른 것이 손해를 봄으로, 천하가 싫어하는 고과나 불선을 왕공이 떠맡음으로써 백성을 편안하게 해주려는 배려이다. 옛사람이 가르치는 바는 심사숙고하고 타인을 가르치는 것이다. 옛날부터 강한 자는 죽지 않으니 나의 교훈은 장차 사람들이 교도와 훈계의 시작이라 여기게 될 것이다.

〈道生一, 一生二, 二生三, 三生萬物. 萬物負陰而抱陽〉,
中氣以爲和.

道生一, 一生二, 二生三, 三生〈萬物. 萬物負陰而抱陽,
中氣〉以爲和.

도는 하나를 낳고 하나는 둘을 낳고 둘은 셋을 낳고 셋은 만
물을 낳는다. 만물이 등에 음을 지고 가슴에 양을 품으니 중
기中氣(中和之氣)로써 조화하는 것이다.

天下之所惡, 唯孤寡不(穀), 而王公以自名也. 勿或損
之〈而益, 益〉之而損.

人之所亞, 唯〈孤〉寡不(穀), 而王公以自〈名也. 勿或益
之而〉云, 云之而益.

천하가 싫어하는 바인데도 오직 왕공이 고과孤寡나 불선不善을
자신이라고 칭한다. 왜냐하면 사물은 혹 이것이 손해를 보더
라도 저것이 이익이 되고 혹 이것이 이익을 보더라도 저것이
손해를 보기 때문이다.

古人〈之所〉教, 夕議而教人. 故强良者不得死, 我〈將〉
以爲學父.

〈古人之所教, 夕議而教人. 故强良者不得死, 我〉將以
〈爲學〉父.

옛 사람이 가르치는 바는 심사숙고深思熟考하고 다른 사람을
가르치는 것이다. 옛날부터 강한 자는 죽지 않으니 나(노자의
사상)는 장차 사람들이 교도敎導와 훈계訓戒의 시작이라고 여

기게 될 것이다.

道生一, 一生二, 二生三, 三生萬物. 萬物負陰而抱陽,
沖氣以爲和.

人之所惡, 唯孤寡不穀, 而王公以爲称. 故物或損之而
益, 或益之而損.

人之所教, 我亦教人. 強梁者不得其死, 吾将以爲教父.

訳文 ══

도를 따르면 하나의 혼돈한 상태가 생겨나고 계속하여 음양의
두 기가 생긴다. 음양의 두 기氣는 형질로 구성되었는데 이것
으로부터 만물이 있게 되는 것이다. 만물은 모두 음양의 두
기氣를 포함하고 있으며 두 기氣가 조화해야 만물을 이루니
사람들이 싫어하는 고아와 과부나 훌륭하지 못한 것을 왕공이
나 대인이 그들의 자신이라고 칭하는 것이다.

사물은 때때로 그것을 휴손虧損하고 반대로 그것을 증익增益하
는데 그것을 증익하면 오히려 그것을 휴손虧損한다.

그러므로 다른 사람을 교도教導하는 데 사용하고 나 또한 그것으로
다른 사람을 가르치니 곧 이것이 늘 꿋꿋함을 보존하는 것이다.

선량한 것은 겁난劫難(큰 재액)을 만나지 않는 것이니 나는 장
차 그것으로써 도를 배우는 시작이라고 여기는 것이다.

註·解

一: 道(蘇轍), 또는 도의 작용. "一, 二, 三은 단지 세 개의 숫자
로써 도가 만물을 생하는 것을 나타내는 것이다. 더욱 더 많은
의미가 생겨나는데, 예를 들면 一, 二, 三은 天地人이 되거나
혹은 一은 太極이 되고 二는 천지가 되며 三은 천지가 相合하
는 和氣가 된다(蔣錫昌)."

負: 짐질 부.

抱: 안을 포.

沖氣: 천지간의 조화된 氣.

中氣: 中和之氣. 中和: 서로 다른 성질을 가진 것이 섞여 각각의
성질을 잃거나 그 중간의 성격을 띠게 함. 또는 그러한 상태.

孤寡: 고아나 과부.

不穀: 不善. 穀: 善(詩經)

勿: 物과 통함.

夕: 亦과 통함.

議: 논하다, 비평, 가림, 간함.

良: 梁의 가차자.

强梁: 힘이 셈, 또 힘이 세어 제압할 수 없음.

父: 始(河上公).

도가 하나를 낳고 하나가 둘을 낳고 둘이 셋을 낳고 셋이 만물을 낳듯이 도는 하나로부터 시작하여 만물에게까지 파급하는 것이다. 인체는 등(뒷부분)이 陽이고 가슴(앞부분)이 陰에 속한다. 그러므로 '만물이 등에 음을 지고 가슴에 양을 품다'란 '만물은 음양이 상호 교류하다'라는 의미이고 '중기로써 조화하다'란 '이와 같이 道로써 음양을 상호 교류하게 하여 조화롭게 하다'라는 의미이다. 따라서 백성과 임금, 혹은 임금과 신하 사이를 원만하게 맺어주는 것이 도라는 것이다. 또한 음양의 교류란 많은 것을 덜어서 부족한 것을 보태는 것을 의미하고 중기는 이러한 교류를 주재하는 정치를 뜻하기도 한다. 그래서 임금은 사람들이 꺼리는 고과나 불선이라고 자칭하며 자신을 낮추고, 사물은 손해가 있으면 다음에는 이익이 있고 이익이 있으면 다음에는 손해가 있는 것처럼 백성이 싫어하는 고과나 불선과 같은 좋지 않은 일을 자신이 짊어진다는 의미로서 왕공은 자신을 고과나 불선이라 자칭하는 것이다.

남을 가르치려면 심사숙고하고 나서 가르쳐야 하듯이(노자는 심사숙고하고 가르친다는 뜻) 진정으로 강한 자야말로 죽지 않는 법이니(죽지 않아서가 아니라 그의 사상이 연면히 지속됨으로) 노자가 주장하는 도야말로 장차 교도敎導와 훈계의 시작이 될 것이라는 것이다.

킹코부라를 조련하면서 조련사는 킹코부라를 제압하는 것이 아니라 킹코부라의 습성을 이해하고 그와 동화하는 것이라고 한다. 노자가 정치의 덕목으로 제시한 것도 이와 같은 것일 것이다.

가장 유약한 것이
가장 강한 것을 부려먹다

천하에서 가장 유약한 것이 천하에서 가장 강한 것을 부려먹듯이 有(陰)와 無(陽)는 無間(無極)으로 몰입하는 것이다(유와 무는 서로 막힘이 없이 사이가 가까워서 밀착하는 관계이다). 나는 무위를 주재하기 때문에 이익이 있고 무언으로 가르치기 때문에 무위의 이익이 천하에 도를 파급할 수 있는 것이다.

天下之至柔,〈馳〉騁於天下之致堅, 无有入於无閒.

天下之至〈柔〉, 馳騁乎天下〈之至堅〉.〈无有入於无閒〉.

천하에서 가장 유약한 것이 천하에서 가장 강한 것을 부려먹듯이 무(陽)와 유(陰)는 무간無間으로 몰입하는 것이다.

五是以知无爲〈之有〉益也. 不〈言之〉教, 无爲之益,〈天〉下希能及之矣.

吾是以〈知无爲之有益〉也. 不〈言之教, 无爲之益, 天下希能及之〉矣.

나는 무위無爲를 주재하기 때문에 이익이 있고 무언無言으로 가르치기 때문에 무위無爲의 이익이 천하에서 도道(希)를 파급할 수 있는 것이다.

天下之至柔, 馳騁天下之至堅. 無有入無間.

吾是以知無爲之有益. 不言之教, 無爲之益, 天下希及之.

訳文 ==

천하의 가장 약한 것은 천하의 가장 강한 것보다 나으니 그것이 무유無有의 도체道體일 수 있다고 여기며 사물에 응용하는 것이다.

그러므로 나는 무위가 이른 곳에 이익이 있다고 인식한다. 언어를 사용하지 않고 가르치기 때문에 천하가 무위의 이익을 이해하는 것은 극히 드문 일이 될 것이다.

註·解

致: 至의 가차자.
堅: 굳셈, 강함(孫子).
无間: 서로 막힘이 없이 사이가 가까움. 無極.
無極: 無限. 천지간에 아직 만물이 생기기 전의 시초. 즉 '우주의 근원'.
希: 靜寂無聲(14장). 散(玉篇·巾部). 施(廣韻·微韻).
及: 함께함(詩經).

'가장 약한 것이 가장 강한 것을 부리다'라고 한 것은 갓난아이가 어른을 부려먹듯이 북극과 남극이 서로를 잡아당기듯이 가장 약한 것(陰)과 가장 강한 것(陽)이 서로 힘이 되어 하나가 된다는 의미이다.

'有無가 無間에 몰입하다'라고 한 것은 음과 양은 서로 막힘이 없이 사이가 가까워서 밀착된 관계라는 의미이다.

송대의 태극도설에 근거한다면 음양(유무)과 태극(무극)의 관계가 될 것이다. 이러한 자연의 순환이 곧 무위이니 백성을 교화하려고 애쓰지 않더라도 세상은 저절로 생성하고 발전하는 것이다. 음양은 서로 배척하는 것이 아니라 상호 의존하는 상대적인 존재이다.

아마도 이것은 음양사상의 시초일 것이다. 노자는 음양사상을 통해 백성과 임금 간, 임금과 신하 간의 관계를 설명하려 한 것 같다.

음양사상을 인사에서 찾는다면 부부관계가 되고 자연에서 찾는다면 밤낮의 관계가 되고 운동에서 찾는다면 활동(動)과 휴식(靜)이 된다.

족함을 알아야
욕되지 않다

명예와 자기 자신 중에서 어느 쪽이 더 친한 것인가? 자기 자신과 재산 중에서 어느 쪽이 더 많은 것인가? 얻는 것과 잃는 것 중에서 어느 쪽이 더 병이 되는 것인가? 지나치게 명예를 소중히 여기면 반드시 크게 세월을 허비하고, 지나치게 재산을 많이 저장하면 반드시 많이 잃게 된다. 그러므로 만족할 줄 알면 욕되지 않고 멈출 줄 알면 위태롭지 않으니 이로써 장구할 수 있는 것이다.

죽간甲 (18) ▶▶▶▶▶▶▶▶▶▶▶▶▶▶▶▶▶▶▶▶▶▶▶▶▶▶▶▶▶▶▶

名與身孰親? 身與貨孰多? 得與亡孰病?

甚愛必大費, 厚藏必多亡. 故智足不辱, 智止不殆, 可以長久.

甲本 乙本 ▶▶▶▶▶▶▶▶▶▶▶▶▶▶▶▶▶▶▶▶▶▶▶▶▶▶▶▶▶▶▶

名與身孰(親)? 身與貨孰多? 得與亡孰病?

名與〈身孰(親)? 身與貨孰多? 得與亡孰病?

명예와 자기 자신 중에서 어느 쪽이 더 친한 것인가? 자기 자신과 재산 중에서 어느 쪽이 더 많은 것인가? 얻는 것과 잃는 것 중에서 어느 쪽이 더 병病이 되는 것인가?

甚〈愛必大費, 多藏必厚亡〉. 故知足不辱, 知止不殆, 可以長久.

甚愛必大費, 多藏必厚亡. 故知足不辱, 知止不殆, 可以長久〉.

지나치게 (명예를) 소중히 여기면 반드시 크게 세월을 허비하고, 지나치게 (재물을) 많이 저장하면 반드시 많이 잃게 된다. 그러므로 만족할 줄 알면 욕되지 않고, 멈출 줄 알면 위태롭지 않으니 이로써 장구할 수 있는 것이다.

王本 ▶▶▶▶▶▶▶▶▶▶▶▶▶▶▶▶▶▶▶▶▶▶▶▶▶▶▶▶▶▶▶▶▶▶▶▶

名與身孰親? 身與貨孰多? 得與亡孰病?

是故甚愛必大費, 多藏必厚亡. 知足不辱, 知止不殆,
可以長久.

訳文 ══

명성과 신체는 어떤 것이 더 친근한가? 신체와 재보財寶는 어
떤 것이 더 중요한가? 얻는 것과 잃는 것은 어떤 것이 더 해
가 있는가? 지나치게 인색하면 반드시 크게 돈을 쓰는 일이
있게 되고, 지나치게 많이 저장하고 있으면 반드시 손해가 큰
상실이 있게 된다. 그러므로 만족함을 알면 곧 굴욕을 받지
않고, 적당함을 알고 멈추면 위험이 이르지 않는 것이니 이것
이 곧 장구하게 존재할 수 있는 것이다.

註·解

名: 허영, 명예.
身: 자기 몸, 생명.
貨: 재화, 재산.
亡: 失.
愛: 탐냄, 인색함(莊子). 소중히 여김(戰國策).

費: 금품을 써서 없애다, 쓰다.

厚: 많다, 크다.

殆: 위태로울 태.

양은 음을 이끌고
음은 양을 기르다

크게 이룬 것은 모자라는 것과 같으나 그것(道)을 사용하더라도
없어지지 않고, 크게 가득 찬 것은 빈 그릇과 같으나 그것(德)을 사
용하더라도 군색하지 않으니, 크게 곧은 것은 굽은 것과 같고, 크게
교묘한 것은 졸렬한 것과 같고, 크게 이익이 되는 것은 줄어드는 것
과 같은 것이다. 양과 음은 서로 사이좋게 지내면서 작용하는 것이
니 음양이야말로 천하의 바름이 될 수 있는 것이다.

죽간甲을(7) ▶▶▶▶▶▶▶▶▶▶▶▶▶▶▶▶▶▶▶▶▶▶▶▶▶▶▶▶▶▶

大成若缺, 其用不弊. 大盈若沖, 其用不窮.

大巧若拙, 大成若訥, 大直若屈.

躁勝滄, 靜勝熱, 清清爲天下定.

甲本 乙本 ▶▶▶▶▶▶▶▶▶▶▶▶▶▶▶▶▶▶▶▶▶▶▶▶▶▶▶▶▶▶▶

大成若缺, 其用不幣. 大盈若盅, 其用不窘.

〈大成若缺, 其用不幣. 大〉盈若沖, 其〈用不窘〉.

크게 이룬 것(大成)은 모자라는 것과 같으나 그것(道)을 사용
하더라도 없어지지 않고, 크게 가득 찬 것은 빈 그릇과 같으
나 그것(德)을 사용하더라도 군색하지 않다.

大直如詘, 大巧如拙, 大贏如(朒).

大直如詘, 大巧如〈拙〉, 大贏如絀.

크게 곧은 것(大直)은 굽은 것과 같고, 크게 교묘한 것은 졸
렬한 것과 같고, 크게 이익이 되는 것은 줄어드는 것과 같은
것이다.

趯勝寒, 靚勝炅, 請靚可以爲天下正.

趯朕寒, 〈靚勝炅, 請靚可以爲天下正〉.

움직임(動, 陽)이 추위(靜, 陰)를 이기나 어둠(靜, 陰)도 밝
음(動, 陽)을 이기는 것이니 동정動靜(陰陽)이야말로 천하의
바름이 될 수 있는 것이다.

大成若缺, 其用不弊. 大盈若沖, 其用不窮.

大直若屈, 大巧若拙, 大辯若訥.

躁勝寒, 靜勝熱, 淸靜爲天下正.

訳文 ==

완벽한 물건은 마치 파손된 것 같으나 그것의 용도는 결점이 없는 것이다. 매우 충실한 물건은 마치 공허한 것 같으나 그 것의 용도는 모두 없어지지 않는 것이다.

가장 통달한 것은 마치 굴절된 것과 같고, 가장 교묘한 것은 마치 서툰 것과 같으며, 가장 여유가 있고 가득 찬 것은 마치 부족한 것과 같다.

빠른 움직임(疾動)은 추위를 제어할 수 있고 심정心靜은 열熱 을 견딜 수가 있는 것이니 청정무위淸靜無爲한 사람이 천하의 군장君長이 될 수 있는 것이다.

註·解

| 幣: 비단 폐. 弊(해질 폐)의 가차자. |
| 盅: 빈그릇 충. |
| 窘: 군색할 군. |
| 詘: 굽을 굴. 屈과 同字. |

贏: 남을 영. 넘치다, 이익.

朒: 줄어들 뉵. 작게 됨.

絀: 물리칠 출.

趮: 조급할 조. 躁(빠를 조)와 同字. 썩 급함, 움직임(動).

靚: 조용할 정. 靜과 同字.

炅: 빛날 경. 耿(빛 경)과 同字.

請: 淸의 가차자. 맑음, 깨끗함.

'조승한趮勝寒': '추울 때는 움직여야 추위를 이길 수 있다'라는 의미이다. 움직임은 陽의 상징이고 추위는 陰의 상징이기 때문에 이 의미는 '양이 음을 이긴다(봄(陽)이 겨울(陰)을 밀어낸다는 의미)'라는 비유적인 표현같다.

'정승경靚勝炅': '어둠이 밝음을 제압하다'라는 의미이다. 어둠은 陰의 상징이고 밝음은 陽의 상징이기 때문에 이 의미는 '겨울(陰)이 봄(陽)을 낳다'라는 비유적인 표현같다.

밝음, 깨끗함, 움직임, 빠름, 더움 등은 양陽을 나타내는 것이고 어두움, 더러움, 고요함, 느림, 추움 등은 음陰을 나타내는 것이다. 그리고 동정動靜은 음양陰陽의 다른 표현이다.

바람(건조, 봄기운)이 한기寒氣(추위, 겨울)를 몰아내고, 어둠(고요함, 음)이 밝음(양)을 몰아내는 것은 음과 양이 각자 상호 작용하는 것을 말하는 것이다. 오행에서 尅은 견제 혹은 수렴을 의미하고 음양에서 勝은 변화를 의미한다. 그러므로 겨울(陰)을 봄(陽)이 일

깨워 변화하고 여름(陽)을 가을(陰)이 수렴하여 음양이 변화하는 것이다. 따라서 이 음양(淸靜)이 바로 천하의 모범이 되는 것이다.

음과 양은 서로 대립하는 것이 아니라 상호 의존하고 보완하는 것이다. 그러므로 이렇게 상호가 화합하는 것이 바로 천하의 바름이라는 뜻이다.

족함을 알아야
영원히 만족하다

천하에 도가 있으면 전쟁이 없기 때문에 양마를 논밭으로 보내서 논밭이 기름지게 되나, 천하에 도가 없으면 전쟁 때문에 논밭은 내 팽개쳐서 풀이 무성하고 교외에서는 전쟁에 필요한 군마軍馬만 생겨 날 뿐이다. 죄는 욕심으로부터 더 없이 커지고 화는 만족할 줄 모르는 것으로부터 더 없이 커지며 허물은 얻고자 하는 것으로부터 더 없이 비통해지는 것이다. 그러므로 만족할 줄 알아야 영원히 만족하는 것이다.

罪莫重乎, 甚欲. 咎莫僉乎, 欲得. 禍莫大乎, 不智足. 智
足之爲足, 此恒足矣.

天下有〈道, 卻〉走馬以糞. 天下无道, 戎馬生於郊.

〈天下有〉道, 卻走馬〈以〉糞. 天下无道, 戎馬生於郊.

천하에 도道가 있으면 (전쟁이 없기 때문에) 양마良馬를 논밭
으로 보내서 논밭을 기름지게 하나, 천하에 도道가 없으면
(전쟁 때문에) 군마軍馬가 교외郊外에서 생겨날 뿐이다.

罪莫大於可欲, 禍莫大於不知足, 咎莫憯於欲得. 〈故知
足之足〉, 恒足矣.

罪莫大於可欲, 禍〈莫大於不知足, 咎莫憯於欲得. 故知
足之足, 恒〉足矣.

죄罪는 욕심으로부터 더 없이 커지고 화禍는 만족할 줄 모르
는 것으로부터 더 없이 커지고 허물은 얻고자 하는 것으로부
터 더 없이 비통해지는 것이다. 그러므로 만족할 줄 알아야
영원히 만족하는 것이다.

天下有道, 却走馬以糞, 天下無道, 戎馬生於郊.

禍莫大於不知足 咎莫大於欲得. 故知足之足, 常足矣.

訳文 ══

천하의 군왕에게 도가 있다면 농민은 전마戰馬를 부려서 땅을
갈고 파종하나, 천하의 군왕에게 도道가 없다면 전마가 망아
지를 계속하여 낳더라도 마땅히 교외의 전쟁터에서 낳아야 한
다.

죄는 심지어 욕심이 많은 것보다 못하고, 화환禍患은 심지어
만족을 모르는 것보다 못하며, 잘못은 심지어 욕심을 부리는
것보다 못한 것이다.

그러므로 만족을 아는 만족이 곧 영원한 만족인 것이다.

註·解

卻: 却(물리칠 각)의 本字.
却走: 뒤로 물러나 달아남.
糞: 똥 분. 논밭을 기름지게 하다.
戎馬: 군마, 군대, 전쟁.

郊: 성밖 교. 國都에서 거리가 오십 리 이내의 곳을 近郊라 하고
백 리 이내를 遠郊라 함(周代의 제도).

莫大: 더 없이 크다.

憯: 비통할 참. 몹시 슬프다.

치도治道가 바로 서면 전쟁이 없고 나라가 흥성하나, 치도가 바로 서지 않으면 전쟁으로 나라가 쇠락衰落한다는 뜻이다. 치도가 바로 서지 않는 이유는 욕심과 만족할 줄 모름에서 생긴다는 것이다.

제 **47** 장

(10)

성인은
어떤 일도 계획하지 않다

대문을 나서지 않더라도 천하를 알 수 있고, 창문 앞에서 꾀하지 않더라도 천도를 알 수 있는 것이니 그것이 까마득히 먼 곳으로부터 나왔더라도 그것이 매우 작다는 것을 알고 있다. 그리하여 성인은 행하지 않더라도 알 수 있고 보지 않더라도 이름을 붙일 수 있고 행위하지 않더라도 이룰 수 있는 것이다.

不出於戶, 以知天下. 不規於牖, 以知天道. 其出也
(彌)遠, 其〈知彌少〉.

不出於戶, 以知天下. 不(規)於〈牖, 以〉知天道. 其出
也(彌)遠者, 其知(彌)〈少〉.

대문을 나서지 않더라도 천하를 알고 창문에서 꾀하지 않더라
도 천도를 알 수 있으니 그것이 까마득히 먼 곳에서 나왔더라
도 그것이 매우 작다는 것을 알고 있다.

〈是以聖人不行而知, 不見而明, 弗〉爲而〈成〉.

〈是以聖人不行而知, 不見〉而名, 弗爲而成.

그리하여 성인은 행하지 않더라도 알고, 보지 않더라도 이름
을 붙이고, 행위하지 않더라도 이루는 것이다.

不出戶, 知天下; 不闚牖, 見天道. 其出彌遠, 其知彌少.
是以聖人不行而知, 不見而名, 不爲而成.

문호를 나오지 않더라도 곧 천하의 사물을 알 수 있고, 창 밖
을 바라보지 않더라도 곧 하늘이 변동하는 정황을 알 수 있
다. 지나치게 멀리 외출하더라도 그렇게 그가 깨달은 것은 점
점 작게 성취할 것이다. 그러므로 성인은 달리지 않더라도 도

달할 수 있고, 밖을 보지 않더라도 밝게 알 수 있으며, 행위
하지 않더라도 성공할 수 있는 것이다.

註・解

戶: 大門.
規: 꾀하다, 바로잡다, 구획하다.
牖: 바라지 유. 창문.
彌: 활부릴 미. 두루 미침.
彌遠: 久遠(文選).

굳이 천하를 돌아다니며 샅샅이 살펴보지 않더라도 천하를 알 수
있고, 별자리를 살피며 학문을 연구하지 않더라도 천도를 알 수 있
다는 말은 모든 일이 작은 조짐으로부터 비롯되는 것이기 때문에 근
원을 알면 그 결과 역시 알 수 있다는 뜻이다. 그래서 그것(道)은
태고적부터 전해오는 것이며 매우 작은 것은 것이라고 표현하는 것
이니 만물을 알고 천도를 아는 것이 바로 도道의 근원, 즉 도임을
설명하는 것이다. 그러므로 성인은 행하지 않더라도 알 수 있고, 보
지 않더라도 이름을 붙일 수 있으며, 행위하지 않더라도 이룰 수 있
다는 것이다.

'창문에서 꾀하다'란 밝은 창문 앞에 책상을 놓고 학문을 연구하
는 모습을 표현하는 것이다.

제 48 장

복족으로써
천하를 다스리다

학문을 하는 자는 날로 이익을 얻으나 도를 듣는 자는 날로 손해를 본다. 손해를 보고 또 보더라도 이로써 무위에 이른다면 무위하더라도 행하지 않음이 없는 것이다. 천하를 다스린다는 것은 항상 일삼지 않다가 일이 닥치면 그때서야 비로소 그 일에 마음과 힘을 다하는 것이니 부족으로써 천하를 다스리는 것이다.

甲本 乙本 ▶▶▶▶▶▶▶▶▶▶▶▶▶▶▶▶▶▶▶▶▶▶▶▶▶▶▶▶▶▶▶▶

爲學者日益, 聞道者日云(毀).

爲學者日益, 聞道者日云(毀).

학문을 하는 자는 날로 이익을 얻으나, 도를 듣는 자는 날로 손해를 본다.

〈云之有云, 以至於无爲, 无爲而无不爲〉

云之有云, 以至於无〈爲, 无爲而无不爲〉.

손해를 보고 또 보더라도 이로써 무위無爲에 이른다면 무위無 爲하더라도 행하지 않음이 없는 것이다.

取天下也, 恒〈无事; 及其有事也, 不足以取天下〉.

取天下, 恒无事; 及其有事也, 〈不〉足以取天〈下〉.

천하를 다스리는 것은 항상 일삼지 않다가 일이 닥치면 그때 서야 비로소 그 일에 마음과 힘을 다하는 것이며 부족으로써 천하를 다스리는 것이다.

王本 ▶▶▶▶▶▶▶▶▶▶▶▶▶▶▶▶▶▶▶▶▶▶▶▶▶▶▶▶▶▶▶▶▶▶

爲學日益, 爲道日損.

損之又損, 以至於無爲. 無爲而無不爲.

取天下常以無事. 及其有事, 不足以取天下.

학습하는 사람의 지식은 반드시 날마다 이익을 더하고, 도를
통달한 사람의 욕망은 반드시 날마다 이익이 감소한다.

감소하고 또 감소하더라도 무위의 경지에 도달한다면 다만 무
위의 재능을 행하지 않는 바가 없는 것이다.

장차 천하를 다스리려면 마땅히 항상 무사無事의 상황을 유지
해야 하고, 유사시有事時에는 곧 부족으로써 천하를 다스리는
것이다.

註·解

毁: 헐 훼. 망하게 함. 기도를 들여 재앙을 물리침.
云: 亡이라고도 하고 損의 誤字라고도 함.
有: 又와 통함.
无不: 하지 않음이 없다.
無爲: 자연에 맡겨 작위를 가하지 않는 처세나 태도.
取: 다스림(노자).
無事: 無爲를 가리킴.
有事: 從事(어떠한 일을 일삼아서 함).

가식과 술수와 계교를 배제하고 참된 정치사상을 함양하며 백성을 위해 끊임없이 노력한다면 무위의 경지, 즉 자연에 맡겨 작위를 가하지 않는 경지의 정치상을 구현할 수 있다는 것이다.

그것은 도의 본질인 어리석음과 같은 것이니 점차 그러한 정치에 순응한다면 더 훌륭한 정치를 실현할 수 있다는 것이다.

정치는 시시콜콜 간섭하는 것이 아니라 세상에서 부족함이 발생했을 때에만 그 부족함을 보충하기 위해 최선을 다하는 것이다.

제 49 장

(12)

천하는 선善과 신信의
덕德으로 다스리는 것이다

성인이 항상 무심하더라도 백성의 마음으로써 그의 본성을 삼으니 착한 자는 이를 착하게 하고 착하지 않은 자도 이를 착하게 하므로 덕은 착함이고 믿는 자는 이를 믿게 하고 믿지 않는 자도 이를 믿게 하므로 덕은 믿음이다. 성인이 천하에 있으면서 수렴하면 천하는 혼탁(道)의 본성이 되고 백성이 모두 그의 이목에 속하니 성인은 모두 어린아이(道)이다.

〈聖人恒无心〉, 以百〈姓〉之心爲〈心〉. 善者善之, 不善者亦善〈之, 德善也. 信者信之, 不信者亦信之, 德〉信也.

〈聖〉人恒无心, 以百省之心爲心. 善〈者善之, 不善者亦善之, 德〉善也. 信者信之, 不信者亦信之, 德信也.

성인이 항상 무심無心하더라도 백성의 마음으로써 그의 본성本性으로 삼으니, 착한 자는 이를 착하게 하고 착하지 않은 자도 이를 착하게 하는 것이므로 덕은 착(善)함이고, 믿는 자는 이를 믿게 하고 믿지 않는 자도 이를 믿게 하므로 덕德은 믿음(信)이다.

〈聖人〉之在天下, 歙歙焉, 爲天下渾心. 百姓皆屬其耳目, 聖人〈皆孩子〉.

取人之在天下也, 欱欱焉, 爲天下渾心. 〈百姓〉皆屬其〈耳目, 聖人皆孩子〉.

성인이 천하에 있으면서 수렴하면 천하는 혼탁(道)의 본성이 되고 백성은 모두 그의 이목耳目에 속하니 성인은 모두 어린아이(道)이다.

聖人無常心, 以百姓心爲心. 善者吾善之, 不善者吾亦善之, 德善. 信者吾信之, 不信者吾亦信之, 德信也.

聖人在天下歙歙, 爲天下渾其心. 百姓皆注其耳目, 聖人皆孩子.

성인은 고정된 의지가 없으니 그는 모두 백성의 의지로써 의지가 되는 것이다.

선량한 것은 선량한 것으로써 대응하고 선량하지 못한 것도 선량한 것으로써 대응하는 것이니, 이것은 곧 각자가 선량함에 도달할 수가 있는 것이다.

신용할 수 있는 것은 신용으로써 대응하고 신용할 수 없는 것도 신용으로써 대응하는 것이니, 이것은 곧 각자가 신용에 도달할 수가 있는 것이다.

성인이 천하에 있으면서 그 욕망을 수렴하면 그 마음은 주된 바가 없는 것이다.

백성이 모두 이목의 총명에 전념하나 성인은 모두 그들의 이목을 막아서 마음이 꼼짝하지 않는 것이다.

註·解

无心: 고의가 아님. 자연임. 본심이 없음. 사욕이 없는 마음.
心: 本性.
歙: 거둘 흡. 수렴함(노자).
欱: 합할 합. 河上本에서는 怵(두려워할 출)이라 함.
渾: 흐릴 혼. 混濁(노자). 혼탁은 도의 상징을 표현함.

孩: 어린아이 해. 어린아이가 방글방글 웃음(노자). 어린아이는 순수나 질박質朴을 비유하는 것이니 이 역시 도를 말함.

성인은 항상 무심한 듯이 보이더라도 백성의 마음을 자신의 본성으로 삼고 있는 것이다. 그렇기 때문에 착한 사람이나 착하지 않은 사람도 궁극에 가서는 그를 본받아서 착해지는 것이니 덕이야말로 착함이 되는 것이요, 믿는 자나 믿지 않는 자도 궁극에 가서는 그를 본받아서 믿게 되는 것이니 덕이야말로 믿음이 되는 것이다.

그러므로 성인이 천하를 다스리면 천하는 도의 근원이 되고 백성은 모두 성인의 관심사가 되기 때문에 세상이 평온해지고 도가 작용하는 곳이 되는 것이다.

제 **50** 장

(13)

사지死地가
곧 생지生地이다

태어나면 언젠가는 죽는 바, 살아 있는 자가 삼 할三割이고 일찍 죽는 자가 삼 할이고 계속하여 백성이 생기더라도 사지死地에서 움직이는 자가 또한 삼 할이니 도대체 이것은 무슨 까닭인가? 그것은 백성을 낳고 낳아서 종족을 잇기 위함 때문이다. 대개 도를 아는 사람은 삶을 주관한다. 행동을 가볍게 하는 사람은 사나움을 피하지 못하나 전쟁에 참여하는 사람은 죽음을 피한다. 외뿔소가 그 뿔을 헤아리지 않고 호랑이가 발톱을 사용하지 않고 병사가 도검을 장식하지 않는 것은 도대체 무슨 까닭인가? 그것은 사지死地가 아니기 때문이다.

〈出〉生〈入死. 生之徒十有三, 死之〉徒十有三, 而民生
生, 動皆之死地之十有三, 夫何故也? 以其生生也.

蓋〈聞善〉執生者, 陵行不〈辟〉矢虎, 入軍不被甲兵.
蓋聞善執生者, 陵行不辟(兕)虎, 入軍不被兵革.

〈出〉生入死. 生之〈徒十有三, 死〉之徒十又三, 而民生
生, 僮皆之死地之十有三. 〈夫〉何故也? 以其生生.

태어나면 언젠가는 죽는다. 살아 있는 자(生)가 다만 삼 할三
割이고 일찍 죽는 자(死)도 다만 삼 할三割이고 계속하여 백성
이 생기더라도 사지死地에서 움직이는 자가 또한 삼 할三割인
것은 도대체 무슨 까닭인가? 그것은 백성을 낳고 낳아서 종족
을 잇기 위함 때문이다.

蓋〈聞善〉執生者, 陵行不〈辟〉矢虎, 入軍不被甲兵.
蓋聞善執生者, 陵行不辟(兕)虎, 入軍不被兵革.

대개 도를 아는 사람은 삶을 주관한다. 행동을 가볍게 하는 사람은
사나움을 피하지 못하나 전쟁에 참여하는 사람은 죽음을 피한다.

矢无所檎其角, 虎无所昔其蚤, 兵无所容〈其刃, 夫〉何
故也? 以其无死地焉.
(兕)无〈所檎其角, 虎无所昔〉其蚤, 兵〈无所容其刃, 夫
何故〉也? 以其无〈死地焉〉.

외뿔소가 그 뿔을 헤아리지 않고 호랑이가 발톱을 사용하지
않고 병사는 도검刀劍을 장식하지 않는 것은 도대체 무슨 까닭
인가? 그것은 사지死地가 아니기 때문이다.

出生入死. 生之徒十有三, 死之徒十有三, 人之生, 動
之死地, 亦十有三. 夫何故? 以其生生之厚.

蓋聞善攝生者, 陸行不遇兕虎, 入軍不被甲兵.

兕無所投其角, 虎無所措其爪, 兵無所容其刃. 夫何故?
以其無死地.

訳文 ═══

출생하면 죽게 된다. 장생에 속하는 것이 3할이고 죽음에 속
하는 것이 3할이나, 본래 장생에 속하더라도 변동이 있어서
죽음에 이르는 것이 또한 3할이다.

이것의 원인이 무엇인가? 이것은 사람들이 장생을 지나치게
중시하기 때문이다.

들리는 바로는 생명을 잘 양생하는 사람은 산언덕(분묘)에서
행하더라도 흉맹한 외뿔소나 호랑이를 피할 필요가 없고 전쟁
터에 들어가더라도 무기에 상하지 않는다고 한다.

외뿔소는 그 예리한 뿔로 들이받지 않고, 맹호는 그 예리한
발톱을 펴서 보이지 않으며, 병기는 그 날카로움으로 찌르는
바가 없는 것이다.

이것은 무엇 때문인가? 이것은 그가 천지의 도와 합하여 死
地에 들지 않기 때문이다.

도가 그로 하여금 생성되고 그로 하여금 오래도록 안녕토록
하며 그로 하여금 보호에 이르도록 하는 것이다.

생하나 생으로 여기지 않고 행하나 행위로 여기지 않으며 장
長하나 장長으로 여기지 않으니 이것이 곧 현덕玄德이다.

〈백서도덕경은 50장과 51장이 함께 되어 있음〉

註·解

徒:	다만 도.
執:	잡을 집. 주관하다.
陵:	업신여길 릉.
辟:	임금 벽. 避(피할 피)와 통함.
兕:	외뿔소 시.
兕虎:	'외뿔소와 범. 전하여, 사나운 자'의 의미임.
被:	사역의 의미임.
甲兵:	갑옷과 투구. 전하여, 전쟁을 의미함.
兵革:	무기와 갑옷과 투구.
矢:	兕(외뿔소 시)의 가차자.
揣:	회초리 타. 헤아리다.
昔:	예 석. 措(놓을 조)의 가차자. 사용함(中庸).
蚤:	벼룩 조. 早, 爪와 통함.
容:	裝飾(莊子)

사람이 태어나면 언젠가는 죽게 되는데, 명대로 사는 사람이 3할 정도이고, 요절하는 사람이 3할 정도이며, 사지死地에서 살아가는 사람이 3할 정도이다. 이러한 이유는 종족을 영속적으로 이어가기 위한 자연의 법칙이 그러하기 때문이다.

　대개 도를 아는 사람은 삶을 주관하는 것이니, 삶을 도에 맡기는 사람은 죽음을 두려워하지 않기 때문에 죽음을 피하나, 삶을 중히 여기는 사람은 죽음을 두려워하기 때문에 죽음을 피하지 못하는 것이다.

　외뿔소는 그 뿔이 하나라 하더라도 불평하지 않고 호랑이는 날카로운 발톱이 있다 하더라도 함부로 사용하지 않으며 병사는 무기가 있다 하더라도 자랑하려고 장식하지 않는 것은(처지를 불평하지 않고, 위용을 감추고, 힘은 함부로 사용하지 않음을 강조하는 비유적 표현) 사지死地야말로 가장 안전한 곳이기 때문이다. 즉, 도를 아는 자는 죽음을 두려워하지 않는 것이다.

제 51 장

현덕 玄德

  도가 이것을 낳고 덕이 이것을 기르며 만물이 이것을 형상하고 그릇이 이것을 이루는 것이다. 그러므로 만물은 도를 존중하고 덕을 귀하게 여기는 것이니 도는 존중하는 것이고 덕은 귀한 것이다. 대개 신분의 계급이 없어야 이로써 자연의 질서가 변하지 않는다. 도가 이를 낳고 기르고 생장하고 화육化育하고 이루고 편안하게 하고 양육하고 보호하더라도, 낳으나 소유하지 않고 시행하나 믿고 의뢰하지 않고 생장하나 주관하지 않는 이것을 현덕이라고 한다.

道生之而德畜之, 物刑之而器成之. 是以萬物尊道而貴
〈德, 道〉之尊, 德之貴也.

道生之, 德畜之, 物刑之而器成之. 是以萬物尊道而貴
德. 道之尊也, 德之貴也,

도가 이를 낳고 덕이 이를 기르고 만물이 이를 형상形象하고
그릇이 이를 이룬다. 그러므로 만물은 도道를 존중하고 덕德
을 귀하게 여기는 것이니 도道는 존중하는 것이고 덕德은 귀
한 것이다.

夫莫之(爵), 而恒自然也.

夫莫之爵也, 而恒自然也.

대개 신분의 계급이 없어야 이로써 자연의 질서가 변하지 않
는다.

道生之, 畜之, 長之, 遂之, 亭〈之, 毒之, 養之, 覆之.
生而〉弗有也, 爲而弗寺也, 長而弗宰也, 此之謂玄德.

道生之, 畜之, 〈長之, 遂〉之, 亭之, 毒之, 養之, 復之.
〈生而弗有, 爲而弗寺, 長而〉弗宰, 是胃玄德.

도道가 이를 낳고 이를 기르고 이를 생장하고 이를 화육化育하
고 이를 이루고 이를 편안하게 하고 이를 양육하고 이를 보호
하더라도, 낳으나 소유하지 않고 시행하나 믿고 의뢰하지 않
고 생장하나 주관하지 않는 이것을 현덕玄德이라고 한다.

王本 ▶▶▶▶▶▶▶▶▶▶▶▶▶▶▶▶▶▶▶▶▶▶▶▶▶▶▶▶▶▶▶▶▶▶▶▶▶

道生之, 德畜之, 物形之, 勢成之. 是以萬物莫不尊道而貴德. 道之尊, 德之貴.

夫莫之命而常自然.

故道生之, 德畜之, 長之, 育之, 亭之, 毒之, 養之, 覆之. 生而不有, 爲而不恃, 長而不宰, 是謂玄德.

註 · 解

刑: 形의 가차자.
器: 인재, 적소에 씀.
爵: 벼슬 작. 신분의 계급.
亭: 주막집 정. 化育(노자, 천지 자연이 만물을 만들어 자라게 함).
毒: 다스리다(易經). 근심하다(列子).
覆: 보호하다.
寺: 侍(모실 시, 믿고 의뢰하다)와 同字.
宰: 주관하다.
玄德: 숨어 나타나지 않는 덕행. 자연무위의 덕성.
恃: 믿음 시.

도가 국가를 낳고 덕이 국가를 기르고 백성이 국가를 형성하고 훌륭한 인물이 국가를 이끌어 가는 것이다.

그러므로 백성이 도를 존중하고 덕을 귀하게 여기는 것이다.

대개 신분의 계급이 없어야 자연의 질서가 유지된다.

도가 국가를 낳고 기르고 생장하고 화육化育하고 편안하게 하고 양육하고 보살피는 수고를 아끼지 않는다 하더라도, 낳으나 소유하지 않고 시행하나 믿고 의뢰하지 않고 생장하나 주관하지 않는 것을 현덕이라고 한다.

도는 부모가 자식을 낳아서 기르는 것에 비유할 수 있는 것이다.

제 **52** 장

(15)

덕德은
상도常道를 따르다

　천하는 시작이 있었는데, 천하의 어머니라고 여겼다. 이미 그 어머니를 얻고 이로써 그 아들(德)을 주재하니 다시금 그 어머니를 지켜야 종신토록 위태롭지 않은 것이다. 지혜를 버리고 욕망을 버리면 종신토록 근심하지 않으나, 지혜를 이용하고 공적을 성취하려고 한다면 종신토록 얻고자 하는 것을 구하지 못한다. 미세함을 통찰하는 것을 밝음(明, 道)이라 하고 유약함을 지키는 것을 강함(德)이라 하는데, 그 빛(德)을 사용하여 그 밝음(道)에 복귀한다면 자신에게 재앙이 미치지 않는다. 이것을 상도를 따르는 것이라 한다.

閉其門, 塞其兌, 終身不勤.

그 욕망의 문을 닫고 그 기쁨을 추구하지 않으면 종신終身토록
근심하지 않으나

啓其兌, 塞其事, 終身不救.

그 기쁨을 좇으며 정사를 내팽개친다면 종신終身토록 구하지
못한다.

甲本 乙本 ▶▶

天下有始, 以爲天下母. (旣)得其母, 以知其〈子〉; 復守
其母, 沒身不殆.

天下有始, 以爲天下母. 旣得其母, 以知其子: 卽知其
子, 復守其母, 沒身不殆.

천하는 시작(道)이 있었는데, 이로써 천하의 어머니(名)라 여
겼다. 이미 그 어머니(名)를 얻고 이로써 그 아들(德)을 주재
하니 다시금 그 어머니(名)를 지켜야 종신終身토록 위태롭지
않다.

塞其悶, 閉其門, 終身不菫, 啓其悶, 濟其事, 終身〈不救〉.

塞其(兌), 閉其門, 冬身不菫. 啓其(兌), 齊其〈事, 冬
身〉不棘.

그 사리(지혜)를 막고 그 문(욕망)을 닫으면 종신終身토록 근
심하지 않으나, 그 사리事理를 열고 그 사업(공적)을 성취하려

고 한다면 종신終身토록 구하지 못한다.

〈見〉小曰〈明〉, 守柔曰强, 用其光, 復歸其明. 母遺身
夬. 是胃襲常.

見小曰〈明〉, 守〈柔曰〉强. 用其光, 復歸其明, 母遺身
夬, 是胃〈襲〉常.

미세함을 통찰하는 것을 밝음(明, 道)이라 하고 유약柔弱함을
지키는 것을 강강强强(德)이라고 하는데, 그 빛(德)을 사용하여
그 밝음(道)으로 복귀하면 자신에게 재앙이 미치지 않는다.
이것을 '상도常道를 따르는 것'이라고 한다.

王本 ▶▶▶▶▶▶▶▶▶▶▶▶▶▶▶▶▶▶▶▶▶▶▶▶▶▶▶▶▶▶▶▶

天下有始, 以爲天下母. 旣得其母, 以知其子. 旣知其
子, 復守其母, 沒身不殆.

塞其兌, 閉其門, 終身不勤. 開其兌, 濟其事, 終身不救.

見小曰明, 守柔曰强. 用其光, 復歸其明, 無遺身殃, 是
爲習常.

訳文 ==

천하 만물의 시작이 곧 천지만물의 어머니이니 이미 도(母)를 찾아
서 얻은 다음에야 곧 그 아들(천지만물)을 인식할 수 있는 것이다.

이미 그 아들을 인식한 다음에 곧 역으로 그 모도母道를 굳건
히 지킨다면 이것이 위험을 없애는 것이다.

욕념欲念의 이목을 틀어막고 욕념의 문호를 닫으면 마침내 어

떤 위험도 발생하지 않는다.

욕념의 이목을 열어서 사업을 성취하려고 한다면 곧 종신토록 다스림을 구하지 못할 것이다.

미세함을 밝게 할 수 있는 것을 明이라고 하고, 유약함을 유지할 수 있는 것을 강함이라고 한다.

지혜의 빛을 운용하여 안으로 심경의 밝음을 비추면 자기에게 화환이 없으니 이것이 곧 상도常道이다.

註·解

始:	근원, 본원(國語). 開始(易經). 先(呂氏春秋).
母:	본원.
知:	주재하다(左傳)
沒身:	終身(노자).
救:	돕다(詩經). 구하다.
殆:	위태롭다.
悶:	어두울 민. 사리에 어두운 모양(노자).
門:	사물의 출입에 경유하는 곳(노자. 衆妙之門).
遺:	끼칠 유.
央:	殃(재앙 앙)의 가차자.
襲常:	常道를 따르다(노자).

모든 사물의 이치는 근본이 있게 마련인데, 그 근본이 바로 천하의 본원이다. 이미 천하의 그 시작을 알았다면 그 만물의 근원도 알수 있는 것이다. 다시금 천하의 모태(道)를 소중히 한다면 마침내그 결과인 만물을 얻을 수가 있는 것이다. 지혜를 사용하지 않아 욕망이 억제된다면(도로써 정치한다면) 종신토록 근심걱정이 없으나, 지혜를 사용하여 공업을 성취하려고 욕망을 불사른다면(무도無道로써 정치한다면) 종신토록 얻고자 하는 것을 구하지 못할 것이다. 그 시작(미세함, 도)을 통달하는 것을 밝음(明), 즉 도라고 하고, 유약함을 지키는 것(강압하지 않고 베푸는 덕)을 강함(强), 즉 덕이라고 한다. 덕을 사용하여 도에 복귀한다면 국가에 재앙이 미치지 않으니이것을 '상도를 따르는 것'이라고 한다.

제 53 장

(16)

강도짓은
도가 아니다

임금 자신을 견고하게 할 수 있는 도가 있는데, 그것은 대도를 행하는 것이다. 임금이 오직 덕을 베풀지 못하는 것은 관리들이 매우 평탄한 대도(정도)를 놔두고 지름길(부정부패)을 매우 좋아하기 때문이다. 조정은 관리들이 정사를 논하지 않고 백성은 관리들의 횡포 때문에 떠나고 없으며 전답은 잡초가 무성하고 국고는 텅 비어 있는데 관리들만이 사치하고 권력을 남용하며 부정축재하고 있다. 이것은 백성의 재물을 도둑질하고서 만족하는 것이니 도가 아니다.

使我〈介〉有知, 〈行於〉大道, 唯〈迆是畏〉, 〈大〉道甚夷, 民甚好解.

使我介有知, 行於大道, 唯他是畏. 大道甚夷, 民甚好解.

임금 자신을 견고하게 하는 지혜가 있는데, 그것은 대도를 행하는 것이다. 오직 덕을 베푸는 것이 두려운 것은, 대도가 매우 평탄한데도 관리가 지름길을 매우 좋아하기 때문이다.

朝甚除, 田甚蕪, 倉甚虛. 服文采, 帶利〈劍, 厭飲〉食, 〈齎財有餘. 是謂盜夸. 非道也哉〉.

朝甚除, 田甚蕪, 倉甚虛. 服文采, 帶利劍, 厭食而齎財〈有餘. 是謂盜〉和(竽), 非〈道也哉〉!

조정은 매우 깨끗하여 먼지 하나 없고 밭은 잡초가 매우 무성하며 창고는 텅 비어 있다. 관리의 의복은 매우 화려하고 허리는 날카로운 칼을 찼으며 배불리 먹고 재화는 철철 남아돈다. 이것은 백성의 재물을 도둑질하고서 만족하는 것이기 때문에 도道가 아니다.

使我介然有知, 行於大道, 唯施是畏.

大道其夷, 而民好徑.

朝甚除, 田甚蕪, 倉甚虛. 服文彩, 帶利劍, 厭飲食, 財貨有餘. 是謂盜夸. 非道也哉.

나는 명백하게 깨닫고 도를 장악하여 행하기 때문에 만약 사
심이 있다면 가장 두려운 것이다.

대도가 매우 평탄한데도 사람들은 지름길로 가기를 좋아한다.

궁전은 매우 장관이나 전지田地는 오히려 매우 황폐하고, 조정
의 창고는 매우 비어 있으나 오히려 화려한 복장을 착용하며,
예리한 검을 허리에 차고 배불리 먹을 것만 생각하며 재산과
보옥實玉은 여유가 있으니, 이것은 곧 도둑질을 야기하는 원인
이며 비록 야기하는 원인일 뿐이라 하더라도 장차 정도正道로
가게 하지 못하는 것이다.

註·解

介: 낄 개. 견고함.

知: 지혜.

大道: 大義.

施: 베풀 시.

迤: 갈 이. 迤는 邪. 迤, 他, 施는 모두 음이 같으며 가차자는 迤
임.

傺: 解자의 古形. 徑과 解는 古音이 서로 같았고 차용하였으며
徑은 本字가 됨.

除: 깨끗이 하여 먼지 따위가 없게 함.

蕪: 거칠 무. 잡초가 무성함.

倉: 창고.

采: 장식이나 의복 등이 화려함.

利: 날카롭다.

厭: 물릴 염. 만족함, 넉넉함, 배불리 먹다.

齎: 資(재물 자)와 同字.

服文采: 관리의 사치를 비유함.

帶利劍: 관리의 횡포를 비유함.

厭飮食, 齎財有餘: 관리의 이기적인 행동을 비유함.

盜夸: 훔쳐 자랑하다.

　　임금이 아무리 대도를 시행하려고 한다 하더라도 오직 정치하기
가 어려운 것은 관리들의 편법과 부정부패로써, 대도란 매우 평탄하
고 안전한 길인데도 관리들이 권력을 남용하며 백성에게 폭정을 일
삼기 때문이다. 관리들이 정사를 제쳐두고 부정부패에 혈안이 된다
면 조정은 먼지 하나 없이 깨끗한 것처럼 조용하고, 백성은 학정에
못 이겨서 떠나고 없으니 논밭은 내버려진 채 잡초만 무성하여 국고
가 바닥을 드러내는 것이다. 이런 극심한 상황인데도 관리들은 배불
리 먹고 호사스럽게 생활하며 권력을 남용하는 것은 백성에게 강도
짓을 한 것이니 이는 도가 아닌 것이다.

　　조선 말기의 군포폐단을 보는 듯하다.

제 54 장

(17)

참됨을 얻으려면
자신부터 다스려라

　도를 잘 이행하는 사람이 도를 소중히 하고 덕을 잘 베푸는 사람
이 덕을 소홀히 하지 않으니 나라는 자손만대에 걸쳐서 번창한다.
그 덕이 참되게 자신을 다스리고 그 덕이 여유가 있게 가정을 다스
리고 그 덕이 장구하게 고향을 다스리고 그 덕이 크게 제후를 다스
리고 그 덕이 넓게 나라를 다스리는 것이니 자신은 자신으로써 관찰
하고 가정은 가정으로써 관찰하고 고을은 고을로써 관찰하고 제후는
제후로써 관찰하고 나라는 나라로써 관찰하는 것이다. 어찌하여 내
가 천하의 그러함을 알고 있는가? 이와 같기 때문이다.

善建者不拔, 善保者不脫, 子孫以其祭祀不絕.

修之身, 其德乃貞. 修之家, 其德乃余. 修之鄉, 其德乃長. 修之邦, 其德乃奉. 修之天下, 其德乃普.

以家觀家, 以鄉觀鄉, 以邦觀邦, 以天下觀天下. 吾可以智天下之其然也.

＊修之党, 其德乃穆. 以党觀党.＊

善建〈者不〉拔, 〈善抱者不脫〉, 子孫以祭祀〈不絕〉.

善建者〈不拔, 善抱者不脫〉.

잘 건설하는 사람이 부수지 않고 잘 포용하는 사람이 소홀하지 않으니 자손의 제사가 끊이지 않는다.

〈脩之身, 其德乃眞. 脩之家, 其德有〉餘. 脩之〈鄉, 其德乃長. 脩之邦, 其德乃夆. 脩之天下, 其德乃博〉.

子孫以祭祀不絕. 脩之身, 其德乃眞. 脩之家, 其德有餘. 脩之鄉, 其德乃長. 脩之國, 其德乃夆. 脩之天下, 其德乃博.

자신을 다스려야 그 덕이 바로 참되고, 가정을 다스려야 그 덕이 바로 여유가 있고, 고을을 다스려야 그 덕이 바로 장구하고, 나라(제후)를 다스려야 그 덕이 바로 크고, 천하(국가)를 다스려야 그 덕이 바로 넓기 때문에

以身〈觀〉身, 以家觀家, 以鄉觀鄉, 以邦觀邦, 以天〈下觀天下. 吾何以知天下之然茲? 以此〉.

以身觀身, 以家觀〈家, 以國觀〉國, 以天〈下觀天下. 吾何以知〉天下之然茲? 以〈此〉.

자신은 자신으로써 관찰하고 가정은 가정으로써 관찰하고 고을은 고을로써 관찰하고 나라는 나라로써 관찰하고 천하는 천하로써 관찰하는 것이다. 내가 어찌하여 천하의 그러함을 알고 있는가? 이와 같기 때문이다.

王本 ▶▶▶▶▶▶▶▶▶▶▶▶▶▶▶▶▶▶▶▶▶▶▶▶▶▶▶▶▶▶▶▶▶▶

善建者不拔, 善抱者不脫, 子孫以祭祀不輟.

修之於身, 其德乃真. 修之於家, 其德乃余. 修之於鄉, 其德乃長, 修之於国, 其德乃豊. 修之於天下, 其德乃普.

故以身觀身, 以家觀家, 以鄉觀鄉, 以国觀国, 以天下觀天下. 吾何以知天下然哉? 以此.

訳文 ==

덕을 잘 건립하는 자는 덕을 없애지 않고 덕을 잘 간직하고 지키는 자는 덕을 이탈하지 않으니 이와 같은 모양은 자손의 제사가 끊이지 않는 것과 같은 것이다.

도로써 수신하면 그의 덕은 순진할 수 있고, 도로써 가정을 지키면 그의 덕은 여유가 있을 수 있으며, 도로써 고을을 다스리면 그의 덕은 풍후할 수 있고, 도로써 천하를 다스리면 그의 덕은 넓을 수 있다.

그러므로 수도한 몸으로써 관찰하면 아직 一身을 수도하지 못하고, 수도한 가정으로써 관찰하면 아직 수도하지 못한 가정이며, 수도한 고을로써 관찰하면 아직 수도하지 못한 고을이고, 수도한 국가로써 관찰하면 아직 수도하지 못한 국가이며, 수도한 천하로써 관찰하면 아직 수도하지 못한 천하이니 곧 道身, 道家, 道鄕, 道國, 道天下에서 나오는 덕을 볼 수 있는 것이다. 내가 어찌하여 이와 같은 정황을 알고 있는가? 곧 이것은 여기에 근거하기 때문이다.

註 · 解

建: 建立.

抱: 包容.

脩: 포 수. 修와 통용함.

'자신은 자신으로써 관찰하다'란 자신을 바라볼 때에는 자신에게만 충실하라는 의미이다.

제 55 장

(18)

복도^{不道}는 일찍 죽다

도덕을 크게 품은 사람은 갓난아이에 비유할 수 있다. 갓난아이
는 벌·전갈·뱀이라 하더라도 쏘거나 물지 않고 새나 맹수를 움켜
쥐더라도 그들이 날개를 치거나 물어뜯지 않고 유약한 근골^{筋骨}이라
하더라도 주먹을 쥐면 단단하고 아직 남녀의 정을 모르더라도 불알
이 성을 내며 정기가 이르고 온종일 울더라도 목이 쉬지 않는데, 이
는 갓난아이와 그들이 서로 화합하기 때문이다. 화합을 아는 것을
상도라 하고 상도를 아는 것을 밝음이라 하고 이익이 생기는 것을
상서로움이라 하고 마음이 기를 움직이는 것을 강함이라 하고 만물
이 생장이 지나쳐서 쇠퇴하는 것을 부도라 하는 것이니 부도란 일찍
죽는 것을 말한다.

含德之厚者, 比于赤子.

虺虫蛇弗螫, 攫鳥猛獸弗扣, 骨弱筋柔而捉固. 未智牝
牡之合而然怒, 精之至也. 終日乎而不憂, 和之至也.

和日? 智和日明. 益生日祥, 心使気日強, 物壯則老, 是
謂不道.

甲本 乙本 ▶▶▶▶▶▶▶▶▶▶▶▶▶▶▶▶▶▶▶▶▶▶▶▶▶▶▶▶▶▶▶▶▶

〈含德〉之厚〈者〉, 比於赤子.

含德之厚者, 比於赤子.

도덕을 크게 품은 사람은 갓난아이에 비유할 수가 있다.

逢蠆虺地弗螫, (攫)鳥猛獸弗搏. 骨弱筋柔而握固. 未
知牝〈牡之會而脧怒〉, 精〈之至〉也. 終日號而不嚘, 和
之至也.

(夆)癘蟲蛇弗赫, (螫)鳥孟獸弗搏. 骨弱筋柔而握固. 未
知牝牡之會而脧怒, 精之至也. 冬日號而不嚘, 和〈之至
也〉.

(갓난아이는) 벌, 전갈, 뱀이라 하더라도 쏘거나 물지 않고,
새나 맹수를 움켜쥐더라도 날개를 치거나 물어뜯지 않고, 유
약한 근골筋骨이라 하더라도 주먹을 쥐면 단단하고, 아직 남녀
의 정을 모르더라도 불알이 성을 내며 정기가 이르고, 온종일
울더라도 목이 쉬지 않는데, 갓난아이와 그들이 서로 화합하
기 때문이다.

和曰常, 知和曰明, 益生曰祥, 心使氣曰强. 〈物壯〉卽
老, 胃之不道, 不道〈蚤已〉.

〈知和曰〉常, 知常曰明, 益生〈曰〉祥, 心使氣曰强. 物
〈壯〉卽老, 胃之不道, 不道蚤已.

화답을 아는 것을 상도常道라 하고, 상도를 아는 것을 밝음(분
별)이라 하고, 이익이 생기는 것을 상서로움이라 하고, 마음
이 기氣를 움직이는 것을 강함이라 하고, 만물이 생장이 지나
쳐서 쇠퇴하는 것을 부도라 하는데, 부도不道란 일찍 죽는 것
을 말한다.

王本 ►►►

含德之厚, 比於赤子.

毒虫不螫, 猛獸不挐, 攫鳥不搏. 骨弱筋柔而握固.

未知牝牡之合而全作, 精之至也. 終日号而不嗄, 和之至也.

知和曰常, 知常曰明, 益生曰祥, 心使気曰强. 物壯則
老, 謂之不道, 不道早已.

訳文 ===

심후한 덕행을 갖춘 사람을 우리는 갓난아이와 비교한다. 벌
이나 독사나 전갈이 모두 그를 쏘거나 물지 않고, 맹금이나
맹수가 그를 덮치거나 공격하지 않으니 이것은 곧 그의 근골
이 유약한 데에서 비롯되는 것이며, 바야흐로 늘 견고하게 한
움큼 쥐는 원인이 되는 것이다. 자웅의 교합을 모르더라도 도

리어 애송이의 생식기를 곧추세우는 이것은 충족하기 때문이
고 온종일 울더라도 음성이 쉬지 않는 이것은 화기가 넘쳐흐
르기 때문이다. 정력, 화기는 곧 상도이고 상도를 깨닫는 것
이 곧 명明이니 풍후한 향락을 추구한다면 곧 재앙을 받게 되
고 분발을 탐욕 하면 곧 융통성이 없는 것이다.

사물이 지나치게 장대하면 즉시 노쇠衰老하는 것이니 곧 무도
無道라고 부르고 무도는 지나치게 일찍 죽는 것이다.

註 · 解

含德: 도덕을 품다.
比: 견주다. 비유하다.
赤子: 어린아이.
逢: 蜂의 가차자.
蠆: 전갈 채.
虺: 살무사 훼.
地: 蛇의 誤字.
蟄: 쏠 석.
攫: 움킬 확
搏: 칠 박. 날개를 침.
握: 쥘 악. 주먹을 쥠.

牝牡:	암컷과 수컷, 음양.
脧:	불알 최. 갓난아이의 생식기.
嚘:	한숨쉴 우. 근심하여 탄식하다.
嗄:	목쉴 사.
胃:	謂의 가차자.
蚤:	벼룩 조. 早(일찍 조)와 통용함.

　대 여섯 마리의 암사자 집단에는 한 마리의 수사자가 있었다. 암사자는 구성원의 변동이 없었으나, 수사자는 늘 새로운 수사자의 도전을 받고 승리해야 계속 무리의 주인이 되었다. 만약 도전에서 패하게 된다면 그는 무리를 떠나야 한다. 그리고 무리의 주인은 승리한 수사자로 바뀌게 된다. 이때 패한 수사자의 새끼는 승리한 수사자에게 모두 죽임을 당하였다. 새끼를 기르던 암사자도 새끼를 지키기 위해 최선을 다했지만 막상 새로운 주인이 새끼를 죽이고 나면 구슬픈 몇 번의 포효를 끝으로 새로운 수사자를 따라갔다. 이것은 동물의 세계이다. 여기에서 암사자는 구성원이 바뀌지 않았다. 다만 수사자만이 끝없는 도전의 투쟁으로 변화가 무쌍無双하였다.

　이 사자의 진정한 주인은 암사자였다. 아마도 노자가 여성이나 갓난아이, 유약함 등으로 도를 비유하는 것은 이러한 관점을 나타내려고 한 것 같다.

너와 내가
차별 없이
함께 어울리는 일

지혜로운 자는 말을 하지 않으니 말을 잘 하는 자는 지혜롭지 못한 것이다. 지혜와 욕망을 버리고 자신의 지덕과 재기를 감추며 속세와 어울리고 문벌을 버리며 갈등을 푸는 것을 '너와 내가 차별 없이 함께 어울리는 일'이라고 한다. 그러므로 얻을 수 없더라도 친하고 역시 얻을 수 없더라도 소원하다. 얻을 수 없더라도 이롭고 역시얻을 수 없더라도 해롭다면 얻을 수 없더라도 귀하고 역시 얻을 수없더라도 천한 것이다. 그러므로 덕이 천하의 귀함이 되는 것이다.

죽간甲 (15) ►►►►►►►►►►►►►►►►►►►►►►►►►►►►►►►►►►

智之者弗言, 言之者弗智.

閉其兌, 塞其門, 和其光, 同其塵, 挫其銳, 解其紛, 是
為玄同.

故不可得而親, 亦不可得而疏.

不可得而利. 亦不可得而害.

不可得而貴, 亦不可得而賤. 故為天下貴.

甲本 乙本 ►►

〈知者〉弗言, 言者弗知.

知者弗言, 言者弗知.

지혜로운 자는 말을 하지 않으니 말을 하는 자는 지혜롭지 못
한 것이다.

塞其悶, 閉其〈門, 和〉其光, 同其(塵), 坐其閱, 解其
紛. 是胃玄同.

塞其堄, 閉其門, 和其光, 同其塵, 銼其兌而解其紛,
是胃玄同.

그 사리에 어두움이 충만하나 그 문(口)을 닫고(지혜와 욕망
을 버리고) 자신의 지덕智德과 재기才氣를 감추며 속세와 어울
리고 문벌을 버리고 얽혀서 덩이가 된 것을 푸는 이것을 '피아
彼我의 차별 없이 함께 어울리는 일(玄同)'이라고 한다.

故不可得而親, 亦不可得而疏;

故不可得而親也, 亦〈不可得〉而〈疏〉;

그러므로 얻을 수 없더라도 친하고 역시 얻을 수 없더라도 소원하다.

不可得而利, 亦不[可]得而害;

〈不可得〉而利, 〈亦不可〉得而害;

얻을 수 없더라도 이롭고 역시 얻을 수 없더라도 해롭다면

〈不可得〉而貴, 亦不可得而淺; 故爲天下貴.

不可得而貴, 亦不可得而賤; 故爲天下貴.

얻을 수 없더라도 귀하고 역시 얻을 수 없더라도 천한 것이다. 그러므로 德이 천하의 귀함이 되는 것이다.

王本 ▶▶▶▶▶▶▶▶▶▶▶▶▶▶▶▶▶▶▶▶▶▶▶▶▶▶▶▶▶▶▶▶▶▶▶▶

知者不言, 言者不知.

塞其兌, 閉其門, 挫其銳, 解其紛, 和其光, 同其塵, 是謂玄同.

故不可得而親, 不可得而疏;

不可得而利, 不可得而害;

不可得而貴, 不可得而賤; 故爲天下貴.

지혜로운 자는 말이 많지 않으니 말이 많은 자는 지혜가 없는 것이다. 욕념의 이목을 가로막으면 욕념의 실마리가 닫히므로 빛을 수렴하고 속세에 混同하며 예봉을 꺾고 분란紛亂을 제거하니 이것이 곧 현묘함과 같다. 이러한 경지에 이르면 곧 그와 더불어 친근할 수 없으나 또한 그와 더불어 소원할 수도 없는 것이다.

그를 따르면 그곳은 이익을 얻을 수 없으나 또한 위해危害도 이르지 않는다. 존귀함에 이를 수 없으나 또한 비천卑賤함에 이르지도 않는다. 까닭에 이것이 천하의 가장 존귀한 것이 되는 것이다.

註 · 解

知: 智.

悶: 어두울 민. 사리에 어둡다. 도를 비유함.

塞: 막을 색. 통하지 못하게 하다.

閉: 닫을 폐.

門: 사물의 출입에 경유하는 곳. 입, 즉 발설發說을 의미함.

和光同塵: 자신의 지덕과 재기를 감추고 속세에 어울리다.

閱: 점고할 열. 공적, 문벌, 통솔함(노자).

坐: 무릎을 꿇고 앉음. 앉아서 아무것도 하지 않고

지혜로운 자는 말을 하지 않는 법이니 말을 하는 자는 지혜롭지 못한 것이다. 지혜와 욕망을 버리고 자신의 재기와 지덕을 감추며 속세와 어울리고 족당族党을 버리고 갈등을 푸는 것을 현동玄同, 즉 '너와 내가 차별 없이 함께 어울리는 일'이라 하는 것이다.

그러므로 덕德은 친소親疏, 손익損益, 귀천貴賤 등을 분별하지 않는 것이니 이것이 바로 천하의 귀함이 되는 것이다.

제 57 장

(20)

정치란 무위,
무사無事,
무욕無欲이다

정도로써 나라를 다스리고 기이함으로써 군사를 부리고 無事로써 천하를 취하는 것이다. 내가 그러한 연유를 어떻게 알고 있는가? 대개 백성이 꺼리고 싫어하는 것(까다로운 법령이)이 많으면 관리가 부자가 되고, 관리에게 이기利器가 많으면 나라는 어리석음이 증가하고, 사람에게 지혜가 많으면 어떤 물건이 많이 만들어지고, 임금의 의장儀仗에서 사용하는 제기祭器가 점점 더 많아지면 도둑이 많아진다. 그러므로 성인이 말하기를, "내가 무위하면 백성이 스스로 교화하고 내가 고요함을 좋아하면 백성이 스스로 바르게 되고 내가 無事하면 백성이 스스로 부유해지는 것이니 내가 하고자 하지 않으면 백성이 스스로 순박해지는 것이다."라고 하였다.

以正治邦. 以奇用兵, 以亡事取天下.

吾可以智其然也. 夫天下多忌諱, 而民弥叛. 民多利器,
而邦滋昏. 人多智, 而奇物滋起. 法物滋彰, 盜賊多又.

是以聖人之言曰: 我無事而民自富. 我亡爲而民自化.
我好靜而民自正. 我欲不欲而民自樸.

以正之邦, 以畸用兵, 以无事取天下.

以正之國, 以畸用兵, 以無事取天下.

정도正道로써 나라를 다스리고, 기이함으로써 군사를 부리고,
무사無事로써 천하를 취하는 것이다.

吾〈何以知其然〉也哉? 夫天下〈多忌諱〉, 而民彌貧. 民
多利器, 而邦家玆昏. 人多知, 而何物〈滋起. 法物滋
章, 而〉盜賊〈多有〉.

吾何以知其然也才? 夫天下多忌諱, 而民彌貧. 民多利
器, 〈而邦家玆〉昏. 〈人多知, 而何物滋起. 法〉物玆
章, 而盜賊〈多有〉.

내가 그러한 연유를 어떻게 알고 있는가? 대개 천하가 꺼리고
싫어하는 것이 많으면 관리는 가난이 멈추고(관리는 부자가
되고), 관리에게 이기利器가 많으면 나라는 어리석음이 증가하
고, 사람에게 지혜가 많으면 어떤 물건이 많이 만들어지고,
임금의 의장儀仗에서 사용하는 제사祭祀의 기물器物이 점점 더
많아지면 도적이 많아진다.

〈是以聖人之言曰〉: 我无爲也而民自化, 我好静而民自正, 我无事民〈自富, 我欲不欲, 而民自樸〉.

是以〈聖〉人之言曰: 我无爲也而民自化, 我好静而民自正, 我无事民自富, 我欲不欲, 而民自樸.

그러므로 성인이 말하기를, "내가 무위無爲하면 백성은 스스로 교화하고, 내가 고요함을 좋아하면 백성은 스스로 바르게 되고, 내가 무사無事하면 백성이 스스로 부유해지는 것이니, 내가 하고자 하지 않으면 백성은 스스로 순박해지는 것이다." 라고 하였다.

王本 ▶▶▶▶▶▶▶▶▶▶▶▶▶▶▶▶▶▶▶▶▶▶▶▶▶▶▶▶▶▶▶▶▶▶▶▶

以正治國, 以奇用兵, 以無事取天下.

吾何以知其然哉? 以此天下多忌諱而民弥貧, 民多利器, 国家滋昏. 人多伎巧, 奇物滋起. 法令滋彰, 盗賊多有.

故聖人云, 我無為而民自化, 我好静而民自正, 我無事而民自富, 我無欲而民自樸.

訳文 ==

청정淸淨한 도로써 국가를 다스리고, 권사權詐(권모와 사기)교위巧僞(교묘한 수단으로 남을 속임)의 술수로써 용병을 작전하며, 무위無爲로써 온 천하를 다스리는 것이니 내가 이와 같은 것을 어떻게 알고 있는가?

천하에 금령禁令이 점점 더 많아지니 백성이 곧 점점 더 빈곤해지고, 백성에게 예리한 무기가 점점 많아지니 국가는 곧 점점 더 혼란해지며, 백성이 점점 지혜롭고 총명해지니 간사한 일이 점점 더 많아지고, 귀중하고 좋은 물건이 점점 많아지니 도적이 점점 더 많아지는 것이다.

까닭에 성인이 말하기를, "내가 무위하니 백성이 자연스럽게 순화하고, 내가 고요하기를 좋아하니 백성이 자연스럽게 안정하며, 내가 무사하니 백성이 자연스럽게 부유하고, 내가 탐욕이 없으니 백성이 자연스럽게 순박해진다."라고 하였다.

註·解

之:	治의 가차자.
畸:	奇(범상하지 아니함, 속임수)와 同字.
無事:	아무 일이 없음. 탈 없이 편안함.
用兵:	전쟁함, 군사를 부림.
忌:	꺼릴 기.
諱:	꺼릴 휘. 忌諱: 꺼리어 싫어함.
玆:	滋(불을 자)와 통용함.
彌:	활부릴 미. 그칠 미(周禮)
昏:	어리석음.
知:	智.
起:	발생함.
法:	모범으로 삼다.
章:	규칙, 법률.

정치가 관대해야
백성이 뜨인다

정치가 관대하면 백성이 모이고 정치가 너무 세밀하고 까다로우
면 백성이 나라를 등진다. 화는 복에서 비롯되고 복은 화속에 숨는
것이니 누가 그 끝을 알겠는가? 그 화는 바르지 않은 것이니 바른
복귀라 하더라도 기이하고 착한 복귀라 하더라도 재앙이 된다. 이것
은 사람들이 미혹된 세월이 매우 오래된 것이다. 그리하여 방위로써
가르지 않고, 날카로움으로써 꾸짖지 않으며, 곧음으로써 매이지 않
고, 빛으로써 바라보지 않는다.

〈其正閔閔, 其民屯屯〉, 其正察察, 其邦夬夬.

其正閔閔, 其民屯屯. 其正察察, 其〈民夬夬.

정치가 관대하면 백성이 모이고 정치가 너무 세밀하고 까다로우면 백성이 나라를 등진다.

禍, 福之所倚; 福, 禍之所伏, 〈孰知其極〉?

禍, 福之所倚; 福, 禍之〉所伏, 孰知其極?

화禍는 복福에서 비롯되고 복福은 화禍 속에 숨는 것이니 누가 그 끝을 알겠는가?

〈其无正也, 正復爲奇, 善復爲妖, 人之迷也〉, 其日固久矣.

〈其〉无正也, 正〈復爲奇〉, 善復爲〈妖, 人〉之迷也, 其日固久矣.

그 화禍는 바르지 않은 것이니 바른 복귀라 하더라도 기이하고 착한 복귀라 하더라도 재앙이 된다. 그것은 사람들이 미혹된 그 세월이 매우 오래된 것이다.

是以方而不割, 廉而不劌, 直而不絏, 光而不眺.

是以方而不割, 廉而不劌, 直而不絏, 光而不眺.

그리하여 방위로써 가르지 않고, 날카로움으로써 꾸짖지 않으며, 곧음으로써 매이지 않고, 빛으로써 바라보지 않는다.

其政悶悶, 其民淳淳. 其政察察, 其民缺缺.

禍兮, 福之所倚, 福兮, 禍之所伏. 孰知其極?

其無正. 正復為奇, 善復為妖, 人之迷, 其日固久.

是以聖人, 方而不割, 廉其不劌, 直而不肆, 光而不燿.

訳文 ==

정치가 관후寬厚하면 백성이 곧 순박해지고 정치가 모질고 가혹하면 백성이 곧 교활해지는 것이다.

재화災禍는 행복이 숨어 있는 곳이고 행복은 또 재화가 잠복한 곳이니 누가 그들의 종극終極을 깨닫겠는가?

그들은 변동이 일정치 않은 것이니 바른 것 또한 기이하게 회복되고 착한 것 또한 요사하게 회복되는 것이다. 사람들이 미혹된 것은 오래 전부터 시작되었다.

까닭에 방정한 것은 모퉁이가 있음을 말하지 못하고 예리함은 사람을 찌를 수 있음을 말하지 못하며 곧게 편 것은 영원히 곧을 수 있음을 말하지 못하고 빛나는 것은 사람으로 하여금 바라보게 할 수 없는 것이다.

正: 政과 통용함.

悶: 번민할 민. 사리에 어두운 모양(노자). 즉, 道.

閔: 근심할 민. 애처롭게 여김.

屯: 惇(도타울 돈)의 가차자.

察: 너무 세밀하여 까다롭다.

邦: 民의 誤字.

夬와 缺: 狭의 가차자이며 狭는 獪(狡詐)와 같음.

倚: 말미암을 의. 원인이 되다.

妖: 재앙 요.

方: 때를 당하다(장자). 구별함(國語), 거스름(孟子).

割: 가를 할. 재앙.

廉: 청렴할 렴. 망설이다. 예리함(呂氏春秋).

劌: 상처낼 귀. 손상함(孔子家語. 廉而不劌).

紲: 고삐 설. 매다.

燿: 빛 요.

眺: 바라볼 조.

302 德 經

제 59 장

(22)

사람을 다스리고
하늘을 섬기는 일은
미리 준비하는 것이다

사람을 다스리고 하늘을 섬기는 일은 비용을 존절히 하여 여유를 남겨 두는 것처럼 도모하는 것이다. 대개 오직 비용을 존절히 하여 여유를 남겨 두는 것이란 일찍 준비하는 것이다. 일찍 준비하는 것은 거듭 적덕하는 것을 말하는 것이니 거듭 적덕하면 극복하지 못할 일이 없고, 극복하지 못할 일이 없으면 그 궁극을 꾀하여 알게 되는 것이다. 그 궁극을 꾀하여 알아야 국가가 존재할 수 있는데 국가는 본원이 있어야 장구하고, 본원의 뿌리가 깊고 목근이 견고해야 장생의 도가 되는 것이다.(22장) 대국을 다스리는 일은 작은 생선을 굽는 것과 같다. 천하를 도로써 설립하면 귀신도 신비스럽지 않고, 귀신이 신비스럽지 않으면 그 신령도 사람을 상하지 않으며, 신령이 사람을 상하지 않으면 성인 역시 사람을 상하지 않는다. 대개 둘이 서로가 상하지 않아야 덕이 모두 백성에게로 돌아가는 것이다.(23장)

〈治人事天莫若嗇. 夫唯嗇, 是以蚤服〉.

治人事天莫若嗇, 夫唯嗇, 是以蚤服.

사람을 다스리고 하늘을 섬기는 일은 비용을 존절히 하여 여유를 남겨 두는 것처럼 도모하는 것이다.

대개 오직 비용을 존절히 하여 여유를 남겨 두는 것은 일찍 준비하는 것이다.

〈蚤服是胃重積德, 重積德則无不克, 无不克則莫知其極, 莫知其極〉.

蚤服是胃重積〈德〉, 重積〈德則无不克, 无不克則〉莫知其〈極〉, 莫知其〈極〉.

일찍 준비하는 것은 거듭 적덕하는 것을 말하는 것이니 거듭 적덕하면 극복하지 못할 것이 없고, 극복하지 못할 것이 없으면 그 궁극을 꾀하여 알게 된다.

可以有國. 有國之母, 可以長久, 是胃深根固氐, 〈長生久視之〉道也. 〈22장〉

可以〉有國. 有國之母, 可〈以長久〉. 是胃(深)根固氐, 長生久視之道也. 〈22장〉

그 궁극을 꾀하여 알아야 국가가 존재할 수 있는데 국가는 본원本源이 있어야 장구할 수 있고 국가의 본원이 뿌리가 깊고 목근木根이 견고해야 장생長生의 도가 되는 것이다.

〈治大邦若亨小鮮〉.

治大國若亨小鮮.

대국을 다스리는 일은 작은 생선을 굽는 것과 같다.

〈以道涖〉天下, 其鬼不神. 非其鬼不神也, 其神不傷人
也, 非其申不傷人也, 聖人亦弗傷〈也〉.

以道立天下, 其鬼不神. 非其鬼不神也, 其神不傷人
也. 非其神不傷人也, 〈聖人亦〉弗傷也.

천하를 도로써 설립하면 귀신도 신비스럽지 않고, 귀신이 신
비스럽지 않으면 그 신령도 사람을 상하지 않는다. 신령이 사
람을 상하지 않으면 성인 역시 사람을 상하지 않는다.

〈夫兩〉不相〈傷, 故〉德交歸焉. 〈23장〉

夫兩〈不〉相傷, 故德交歸焉. 〈23장〉

대개 둘이 서로가 상하지 않아야 덕이 모두 백성에게로 돌아
가는 것이다.

王本 ▶▶▶▶▶▶▶▶▶▶▶▶▶▶▶▶▶▶▶▶▶▶▶▶▶▶▶▶▶▶▶▶▶▶▶▶

治人事天莫若嗇, 夫唯嗇, 是謂早服,

早服謂之重積德. 重積德則無不克. 無不克則莫知其極.
莫知其極,

可以有國. 有国之母, 可以長久. 是謂深根固柢, 長生
久視之道. 〈59장〉

治大国若烹小鮮.

以道蒞天下, 其鬼不神. 非其鬼不神, 其神不傷人. 非
其神不傷人, 聖人亦不傷人.

夫両不相傷, 故德交帰焉. 〈60장〉

訳文 ===

국가를 다스리는 것은 성명性命을 수양修養하는 것이니 신神을
소중히 하는 것과 비교하지 않더라도 또한 중요한 것이다. 신
神을 소중히 하는 것은 곧 일찌감치 유지하려고 하는 것이다.
일찌감치 유지하는 것은 곧 두텁게 적덕하는 것이다. 두텁게
적덕하는 것은 무엇이든지 해 낼 수 있는 것이다. 어떤 일이
고 해 낼 수 있다는 곧 마치 신령한 용의 머리는 보나 꼬리는
보지 못하는 것과 같으며 그 실마리만 못하다는 것이다. 실마
리를 알지 못하다는 곧 국가를 통치할 수 있다는 것이다. 치
국의 모도母道가 있으면 곧 장구하게 존재할 수 있는 것이다.
이것이 바로 뿌리가 깊고 줄기가 견고하다고 부르는 것이고
장생구시長生久視하는 도이다.

대국을 다스리는 것은 마치 작은 생선을 구워서 항상 원래의
위치나 모양을 바꿀 수 없는 것과 같은 것이다. 도로써 천하
를 다스리면 귀신도 약빠르지 못하고 귀신이 약빠르지 못하면
그의 신령은 사람을 상해할 수 없으며 결코 신령이 사람을 상
하지 않으면 성인 또한 상해하지 않는다.

양자兩者(신령이 사람을 상하지 않고, 성인이 사람을 상하지
않는 것)가 모두 사람을 상하지 않기 때문에 덕이 곧 왕성하
여 인간들에게 펼쳐지는 것이다.

註 · 解

治人: 백성을 다스림.

事天: 하늘을 섬김.

莫: 꾀할 막. 謨(꾀 모)와 통용함.

嗇: 아껴쓸 색. 비용을 존절(씀씀이를 아껴 알맞게 씀)히 하여 여유를 남겨 둠.

蚤: 早와 통용함.

積德: 덕을 남에게 많이 베풂.

極: 眞善 또는 도덕의 근본(詩經).

氐: 柢(뿌리 저. 木根)의 가차자.

亨: 烹(삶을 팽)의 가차자.

涖: 임할 리. 臨과 통용함.

鮮: 魚(생선)와 통용함.

神: 작용을 일으키다, 신비스럽다.

申: 神의 가차자.

交: 皆(書經).

덕德은 강자가 베푸는 것이다

대국이란 하류이고 천하의 암컷이다. 천하의 교유는 암컷이 항상 고요함(靜)으로써 수컷을 이기기 때문에 정靜이 되는 것이다. 그러므로 마땅히 겸손해야 한다. 대국이 소국에게 겸손하면 소국을 취하고 소국이 대국에게 겸손하면 대국에게 기대어 취한다. 그러므로 겸손함으로써 취하고 겸손하면서 취하는 것이다. 따라서 대국은 소국을 영도하는데 불과하고 소국은 대국의 명을 받드는데 불과하다. 대저 각자가 하고자 하는 바를 얻고자 한다면 먼저 대국이 마땅히 겸손해야 한다.

大邦者, 下流也, 天下之牝也. 天下之郊也, 牝恒以靚
勝牡, 爲其靚〈也, 故〉宜爲下.

大國〈者, 下流也, 天下之〉牝也. 天下之交也, 牝恒以
靜朕牡. 爲其靜也, 故宜爲下也.

대국이란 하류下流이고 천하의 암컷이다. 천하의 교유交遊(서
로 친하게 사귐)는 암컷이 항상 정靜으로써 수컷을 이기기 때
문에 그것은 정靜이 되는 것이다. 그러므로 마땅히 겸손해야
한다.

大邦〈以〉下小邦, 則取小邦; 小邦以下大邦, 則取於大
邦. 故或下以取, 或下而取.

故大國以下〈小〉國, 則取小國; 小國以下大國, 則取於
大國. 故或下〈以取, 或〉下而取.

대국이 소국에게 겸손하면 소국을 취하고 소국이 대국에게 겸
손하면 대국에게 기대어 취한다. 그러므로 혹 겸손으로써 취
하고 혹 겸손하면서 취하는 것이다.

〈故〉大邦者, 不過欲兼畜人; 小邦者, 不過欲入事人.
夫皆得其欲, 〈大者宜〉爲下.

故大國者, 不〈過〉欲兼畜人; 小國, 不過欲入事人.
夫〈皆得〉其欲, 則大者宜爲下.

따라서 대국은 소국을 영도하는데 불과하고 소국은 대국의 명
을 받드는 데 불과하다. 대저 각자가 하고자 하는 바를 얻고
자 한다면 먼저 대국이 마땅히 겸손해야 한다.

大國者下流, 天下之交, 天下之牝.

牝常以静勝牡, 以静爲下.

故大国以下小国, 則取小国; 小国以下大国, 則取大国.

故或下以取, 或下而取.

大国不過欲兼畜人, 小国不過欲入事人.

夫両者各得其所欲, 大者宜爲下.

訳文 ==

대국은 마치 물이 하류에 처하는 것처럼 해야 하고 천하의 모류母類처럼 해야 하는 것이니 이것이 천하가 만나는 곳이다.

암컷 무리(母類)가 늘 고요함으로써 수컷 무리(雄類)를 이기는 것은 허정虛静할 수 있기 때문에 하류에서 편안하게 지내는 것이다.

그러므로 대국은 소국에게 겸하謙下로써 상대해야 곧 소국의 지지를 취할 수 있는 것이고 소국은 겸하한 태도로써 대국을 상대해야 곧 대국이 용납할 수 있는 것이다.

따라서 겸하함이 있으면 지지를 획득하고 겸하가 있으면 용납을 획득하는 것이다.

대국이 지나친 욕념을 없애면 곧 소국을 영도하는 것이고 소국이 지나친 욕념을 없애면 곧 대국의 명을 받드는 것이다.

양자가 모두 그 하고자 하는 바를 얻으려고 한다면 대국이 특별히 겸하해야 한다.

牝: 암컷 빈. 동물의 여성. 자물쇠. 골짜기(계곡).

郊: 들 교. 交(교유, 사귐, 합동함, 섞임, 교차, 왕래함, 授受함, 벗, 흘레 등)의 가차자.

靚: 靜(움직이지 아니함, 얌전함, 말이 없음, 고요함, 청결함, 휴식함)과 同字.

牡: 수컷 모.

下: 낮춤, 겸손.

兼畜人: 소국을 영도하다.

入事人: 대국의 명을 받들다.

於: 어조사 어. 在. 기대다.

　　대국은 하류나 암컷처럼 포용력을 지니고 먼저 마땅히 겸손해야 함을 나타내는 것이다.

불선不善도 덕德이다

道란 만물에게 물을 대주는 것처럼 착한 사람에게는 보배와 같고 착하지 않은 사람에게도 보배와 같은 것이다. 칭찬하는 말이라면 제물祭物도 팔 수 있듯이 이와 같이 행하면 많은 사람이 따르는 것이니 어찌 사람의 **不善**이 쓸모가 없겠는가? 그러므로 천자를 세우고 삼공을 두는 것이니 오직 이와 같이 진기한 보물을 지니고 네 필의 말을 앞세우며 불선이 이처럼 앉아서 나아가는 것이다. 예로부터 이와 같이 도가 귀한 까닭은 무엇인가? 구한다고 말하지 않아야 얻고 죄가 있다고 해야 면하기 때문이다. 그러므로 천하의 귀함이 되는 것이다.

〈道〉者萬物之注也, 善人之(寶)也, 不善人之所(寶)也,

道者萬物之注也, 善人之(寶)也, 不善人之所保也.

도道란 만물에게 물을 대주는 것처럼 착한 사람에게는 보배와 같고, 불선不善한 사람에게도 보배와 같은 것이다.

美言可以市奠(尊), 行可以賀人. 人之不善也, 何〈棄之〉有.

美言可以市奠(尊), 行可以賀人. 人之不善, 何〈棄之有〉.

칭찬하는 말이라면 제물祭物도 팔 수 있듯이 이와 같이 행하면 많은 사람이 따르는 것이니 어찌 사람의 불선不善이 쓸모가 없겠는가?

故立天子, 置三卿, 雖有共之璧以先四馬, 不善坐而進此.

〈故〉立天子, 置三鄕, 雖有〈共之〉璧以先四馬, 不若坐而進此.

그러므로 천자天子를 세우고 삼공三公을 두는 것이니 오직 이와 같이 진기한 보물을 지니고 네 필의 말(馬)을 앞세우며 불선不善이 이처럼 앉아서 나아가는 것이다.

古之所以貴此者何也? 不胃〈求以〉得, 有罪以免與. 故爲天下貴.

古〈之所以貴此者何也〉? 不胃求以得, 有罪以免與. 故爲天下貴.

예로부터 이처럼 도道가 귀한 까닭은 무엇인가? 구한다고 말하지 않아야 얻고 죄가 있다고 해야 면하기 때문이다. 그러므로 천하의 귀함이 되는 것이다.

道者萬物之奧, 善人之寶, 不善人之所保.

美言可以市, 尊美行可以加人. 人之不美, 何其之有.

故立天子, 置三公, 雖有拱璧以先駟馬, 不如坐進此道.

古之所以貴此道者何? 不日以求得, 有罪以免邪! 故為天下貴.

訳文 ==

도는 만물을 주재하는 것이다. 선善은 사람의 보물이고, 불선 不善도 사람의 고유한 바이다. 좋은 말(言)은 존숭을 얻을 만한 가치가 있고 고상한 행위는 칭찬할 수 있는 것이다. 사람의 불선不善한 면을 어찌 버리겠는가? 그러므로 군왕을 세우고 삼정승을 이루며 설사 허리에 큰 옥을 차고 네 필의 말이 끄는 수레에 앉는다 하더라도 고요히 수도하는 것만 못한 것이다.

고대에 이 도를 존중한 바는 무엇인가? 추구하는 것을 말하지 않는다고 해서 곧 얻을 수 있고 죄가 있다고 해서 곧 면제받 겠는가? 그러므로 도는 천하가 존경하는 것이다.

註·解

注: 흐를 주. 물대다.

葆: 葆의 誤字일 수 있다.

葆: 더부룩이날 보. 寶, 保와 통용함.	

葆: 더부룩이날 보. 寶, 保와 통용함.

奠: 정할 전. 祭物.

市: 저자 시. 팔다, 사다.

賀: 보탤 하. 加와 통용함.

棄之有: 근본이 없어 쓸모가 없는 사람(제27장의 無棄人과 같은 뜻)

置: 設置.

三卿: 三公.

共: 함께 공. 恭(공경할 공), 供(이바지할 공)과 同字.

璧: 옥 벽. 임금이 가지는 옥의 뜻을 나타냄.

四: 駟(네마리수레 사)의 가차자.

駟馬: 네 말이 끄는 수레.

胃: 謂의 가차자.

與: 어조사.

　도란 물이 만물을 키우는 것처럼 참된 덕을 베풀기 때문에 착한 사람에게는 보배와 같고, 착하지 못한 사람에게도 보배와 같은 거울이 되는 것이다.

　칭찬을 하면 팔 수 없는 제물祭物조차도 팔 수 있듯이 이처럼 정치를 한다면 백성이 따르게 될 것이다. 不善이란 필요의 악이다. 비록 불선不善이 나쁘다하더라도 이것이 사라지지 않는 이유는 천자를 세우고 삼정승을 두며 이들이 불선不善을 자행하고 있기 때문이다. 그러나 이것은 善의 상대적인 가치로써 善을 지향하기 위한 것이다.

고래로부터 도가 귀한 까닭은 참된 정치가 그 만큼 어렵고 구하여 얻는다고 해서 얻을 수 있는 것이 아니며 부도의 거울이 되기 때문이다. 그러므로 도는 더욱 귀하고 천하의 도가 되는 것이다.

제 63 장

승낙이 경솔하면
반드시 믿음도 적다

무위를 행하고 무사를 일삼고 무미를 행하려고 한다면 크거나 작고 많거나 적은 원한을 덕으로써 갚아라. 쉬운 것으로부터 어려운 것이 다스려지고 미세한 것으로부터 큰 것이 행해지는 것이니 천하의 어려움은 쉬움에서 만들어지고 천하의 큰 것은 미세함에서 비롯되는 것이다. 그리하여 성인은 마침내 큰 것이 되지 않으니 능히 그 큰 것을 이룰 수가 있는 것이다. 대개 승낙이 경솔하면 반드시 믿음도 적은 것이고 용이함이 많으면 어려움도 많은 것이다. 그리하여 성인은 오히려 이를 어렵게 함으로써 무난하게 마치는 것이다.

爲亡爲, 事無事, 味無味.

무위를 행하고 무사를 일삼고 무미를 맛본다.

大小之多易必多難.

대부분 쉬운 것이 많으면 반드시 어려움도 많다.

是以聖人猶難之, 故終亡難.

그리하여 성인은 오히려 이를 어렵게 함으로써 마침내 어려움
을 없게 한다.

爲无爲, 事无事, 味无未, 大小, 多少, 報怨以德.
爲无爲, 〈事无事, 味无未. 大小, 多少, 報怨以德〉.

무위無爲를 행하고 무사無事를 일삼고 무미無味를 맛보고자 한
다면 크거나 작고 많거나 적은 원한을 덕으로써 갚아라.

圖難乎〈其易也, 爲大乎其細也〉. 天下之難作於易, 天
下之大作於細,

〈圖難乎其易也, 爲大〉乎其細也. 天下之〈難作於〉易,
天下之大〈作於細〉.

쉬움으로부터 어려움이 다스려지고 미세微細함으로부터 큰 것
이 행해지는 것이니, 천하의 어려움은 쉬움으로부터 만들어지
고 천하의 큰 것은 미세함으로부터 만들어지는 것이다.

是以聖人冬不爲大, 故能〈成其大〉.

〈是以聖人冬不爲大. 故能成其大〉.

그리하여 성인은 마침내 큰 것이 되지 않으니 능히 그 큰 것을 이룰 수가 있는 것이다.

〈夫輕若必寡信, 多易〉必多難. 是〈以聲〉人猶難之, 故終於无難.

夫輕若〈必寡〉信, 多易必多難, 是以取人〈猶難〉之, 故〈終於无難〉.

대개 승낙이 경솔하면 반드시 믿음이 적고 용이함이 많으면 반드시 어려움이 많다. 그리하여 성인은 오히려 이를 어렵게 함으로써 무난無難하게 마치는 것이다.

王本 ▶▶▶▶▶▶▶▶▶▶▶▶▶▶▶▶▶▶▶▶▶▶▶▶▶▶▶▶▶▶▶▶▶▶▶▶▶

爲無爲, 事無事, 味無味. 大小, 多少, 報怨以德.

図難於其易, 爲大於其細. 天下難事必作於易, 天下大事必作於細,

是以聖人終不爲大, 故能成其大.

夫輕諾必寡信, 多易必多難. 是以聖人猶難之, 故終無難矣.

訳文 ==

무위無爲로써 유위有爲를 행하고, 무사無事로써 유사有事를 행하며, 무미無味로써 유미有味를 행한다. 작은 일을 장악하면 당연히 대사를 헛되이 만들고, 작은 일을 장악하면 당연히 많은 일을 필요로 하는 것이다. 어려운 일을 처리하는 것은 용이한 곳에서 입수하고, 대사를 행하는 것은 작은 일에서 시작하는 것이다. 천하의 어려운 일은 모두 용이한 일에서 심화되는 것이고, 천하의 대사는 모두 작은 곳에서 오랜 기간 누적되어 일어나는 것이다. 그러므로 성인은 모두 대사를 간섭하지 않더라도 또 대사를 성취할 수 있는 것이다. 허락이 가벼우면 반드시 신임을 잃게 되고, 일이 크게 용이하면 반드시 많은 곤란에 이르는 것이다. 그러므로 성인은 문제가 복잡하고 곤란하더라도 그들은 모두 곤란을 만나지 않는 것이다.

註·解

未:	味(說文).
怨:	원망할 원. 무정함, 원한.
若:	諾의 가차자.

계교를 버리고 간섭하지 않으며 재물욕심을 버려야 한다. 그리고 모든 크고 작은 원한은 덕으로 갚아야 한다. 어려운 일은 쉬울 때 도모하고 큰일은 발단할 때 행하는 것이니 국가의 어려움은 쉬울 때 처리하고 국가의 대업은 작은 것부터 시작하는 것이다. 따라서 성인은 처음부터 큰 것을 도모하지 않기 때문에 능히 대업을 완수할 수 있는 것이다. 대개 승낙이 경솔하면 반드시 믿음이 적고 용이함이 많으면 반드시 어려움도 많은 법이다. 그러므로 성인은 오히려 일을 어렵게 해서 일을 도모하지 못하게 함으로써 일을 마치는 것이다.

일은 마치 시작할 때처럼 해야
실패하지 않다

침착하고 조용해야 쉽게 유지하고, 조짐이 나타나지 않아야 쉽게 도모하고, 무르고 부드러워야 쉽게 가르고, 작아야 쉽게 흩뜨리는 것이니 아직 어려움이 없을 때 이를 시작하고, 아직 어지럽지 않을 때 이를 다스리는 것이다. 한 아름의 나무는 아주 작은 싹으로부터 생겨나고, 구 층의 누각은 한 줌의 흙이 쌓여서 올라가고, 백 길의 높이는 발 아래로부터 시작하는 것이다. 행위자는 행위로 인해 패하고 권세를 차지한 자는 권세로 인해 권세를 잃는다. 그리하여 성인이 무위無爲하는 것이니 권세를 차지하지 않아야 잃지도 않는다. 관리가 종사하는 일이야말로 항상 성공과 실패가 존재하는 법이니 삼가 마치는 것을 시작하는 것처럼 한다면 패하는 일이 없을 것이다. 그리하여 성인은 욕심이 나더라도 욕심을 내지 않고 얻기 어려운 재화를 귀하게 여기지 않으며 배우더라도 가르치지 않아서 중인衆人의 잘못된 바를 올바른 상태로 되돌리는 것이다. 만물은 자연을 조력할 수 있을 뿐, 감히 행하지 않는다.

爲之者 敗之, 執之者 遠之. 是以聖人 亡爲 故亡敗,
亡執故亡失. 臨事之紀, 愼終如始, 此亡敗事矣. 聖人
欲不欲, 不貴難得之貨, 敎不敎, 衆人之所過. 是以聖
人能輔萬物之自然, 而弗能爲.

其安也, 易持也. 其未兆也, 易謀也. 其脆也, 易判也.
其幾也, 易散也. 爲之于其亡又也. 治之于其未亂也. 合
抱之木, 生于豪末. 九層之臺, 甲于累土. 千里之行, 始
于足下.

爲之者敗之, 執之者失之. 聖人無爲, 故無敗也. 無執,
故無失也. 愼終若始, 則無敗事矣. 人之敗也, 恒于其
且成也, 敗之, 是以聖人欲不欲, 不貴難得之貨, 學不
學, 復衆人之所過, 是以能輔萬物之自然而弗敢爲.

其安也, 易持也. 〈其未兆也, 易謀也. 其脆也, 易判
(破)也. 其微也, 易散也. 爲之於其未有也, 治之於其未
亂也〉.

其安易持，其未兆易謀，其脆易泮，其微易散．爲之於
未有，治之於未亂．

침착하고 조용해야 쉽게 유지하고, 조짐이 나타나지 않아야
쉽게 도모하고, 무르고 부드러워야 쉽게 가르고, 작아야 쉽게
흩뜨리는 것이니 아직 (어려움이) 없을 때 이를 시작하고 아
직 어지럽지 않을 때 이를 다스리는 것이다.

〈合抱之木，生於〉毫末．〈九成〉之臺，作於羸土．百仁之
高，台於足〈下〉．

〈合抱之〉木，生於毫末．九成之臺，作於(累)土．百千之
高，始於足下．

한 아름의 나무는 아주 작은 싹으로부터 생겨나고, 구층九層의
누각은 한줌의 흙이 쌓여서 올라가고, 백 길의 높이는 발아래
로부터 시작하는 것이다.

〈爲之者敗之，執之者失之．是以聖人无爲〉也，〈故无
敗也〉；无執也，故无失也．

爲之者敗之，執之者失之．是以耵人无爲〈也，故无敗
也；无執也，故无失也〉．

행위자는 행위로 인해 패하고 권세를 차지한 자는 권세로 인
해 권세를 잃는다. 그리하여 성인이 무위無爲하는 것이니 권세
를 차지하지 않아야 잃지도 않는다.

民之從事也，恒於其成事而敗之，故愼終若始，則〈无
敗事矣．是以聖人〉欲不欲，而不貴難得之(貨)；學不
學，而復衆人之所過；

民之從事也, 恒於其成事而敗之, 故曰, 愼冬若始, 則无敗事矣. 是以耵人欲不欲, 而不貴難得之貨; 學不學, 復衆人之所過;

관리가 종사하는 일이야말로 항상 성공과 실패가 존재하는 것이니 삼가 마치는 것을 시작하는 것처럼 해야 패하는 일이 없을 것이다. 그리하여 성인은 욕심이 나더라도 욕심을 내지 않고 얻기 어려운 재화를 귀하게 여기지 않으며 배우더라도 가르치지 않아서 뭇사람들의 잘못된 바를 올바른 상태로 되돌리는 것이다.

能輔萬物之自〈然, 而〉弗敢爲.

能輔萬物之自然, 而弗敢爲.

만물은 자연을 조력할 수 있을 뿐, 감히 행하지 않는다.

王本 ▶▶▶▶▶▶▶▶▶▶▶▶▶▶▶▶▶▶▶▶▶▶▶▶▶▶▶▶▶▶▶▶

其安易持, 其未兆易謀, 其脆易泮, 其微易散. 爲之於未有, 治之於未亂.

合抱之木, 生於毫末, 九層之台, 起於累土, 千里之行, 始於足下.

為者敗之, 執者失之. 是以聖人無為, 故無敗; 無執, 故無失.

民之從事, 常於幾成而敗之. 愼終如始, 則無敗事. 是以聖人欲不欲, 不貴難得之貨; 学不学, 復衆人之所過;

以輔万物之自然, 而不敢為.

시국時局이 안녕하다면 곧 다스리기가 용이하고, 사물이 또 흔적을 아직 드러내지 않는다면 곧 도모하기가 용이하며, 사물이 취약하다면 곧 구별하기가 용이하고, 사물이 미소微小하다면 곧 분산시키기가 용이한 것이다.

일을 처리하는 것은 또 발생하려고 하기 전에 예방하는 것이 좋고, 국가를 다스리는 것은 아직 어지럽기 전에 곧 착수하는 것이다.

한 아름의 큰 나무는 아주 작은 싹으로부터 크게 성장하는 것이고, 구층의 높은 누대樓臺는 한 바구니 한 바구니씩 흙을 쌓아서 이루어지며, 매우 먼 길은 또한 한 걸음부터 시작하는 것이다.

행위 할 바를 생각하면 장차 실패하게 되고, 지킬 바를 생각하면 장차 잃게 되는 것이다.

그러므로 성인이 무위하면 곧 실패하지 않고, 지키지 않으면 잃지도 않는 것이다.

사람들이 일을 처리하는데 장차 모두 성공할 때가 있기도 하고, 또한 모두 실패하기도 하는 것이다.

까닭에 처음부터 끝까지 신중하고 조심하면 바로 실패하지 않는 것이다.

다만 도가 있다면 끝마무리를 잘 하는 것이 처음과 같은 것이다.

그러므로 성인은 욕념이 없으며 귀중한 물품을 존중하지 않고 성인은 가르치더라도 가르치지 않으며 중인이 범하는 不學의 잘못을 보충하는 것이니 만물자연의 변화에 순응할 수 있으므로 억지로 행위 하지 않는 것이다.

持: 가질지.

脆: 무를 취.

破: 깨질 파.

合抱: 한 아름.

成: 重(說文).

羸: 엎을 리.

仁(刃): 仞(여덟자 인)의 가차자.

執: 잡을 집. 권세 따위를 차지하다(史記).

學: 배우다(논어), 가르치다(광아).

復: 원상태로 돌아감.

輔: 도울 보.

　쉽게 유지하려면 침착하고 조용해야 하고, 쉽게 도모하려면 장애의 조짐이 나타나기 전에 실행해야 하며, 쉽게 가르려면 무르고 부드러워야 하고, 쉽게 흩뜨리려면 작아야 하듯이 아직 어려움이 없을 때 이를 시작하고 아직 어지럽지 않을 때 이를 다스리는 것이니 작은 싹으로부터 한 아름의 나무가 되고 한줌 한줌의 흙이 쌓여서 구층의 누각이 되며 발 아래로부터 시작하여 백 길의 높이가 되는 것이다.

　칼을 잘 쓰는 자가 칼로 망하듯이 권세를 차지한 자는 권세로 인해 망하는 법이다. 그래서 성인은 무위를 일삼기 때문에 패하지 않는 것이다. 승패란 어디든지 존재하는 법, 삼가 끝마무리를 시작할 때와 같이 한다면 패하는 일이 없을 것이다.

지혜롭게 하지 않고
어리석게 하다

그러므로 말하기를, "도를 행하는 자는 관리를 슬기롭게 하지 않고 장차 관리를 어리석게 하는 것이다."라고 하였다. 따라서 지혜로써 나라를 지혜롭게 하는 것이야말로 나라의 적이 되고 지혜가 아닌 것으로써 나라를 지혜롭게 하는 것이야말로 나라의 덕이 되는 것이다. 이 두 가지를 늘 숙지하는 것 역시 둘도 없는 법칙이며 이 둘도 없는 법칙을 늘 숙지하는 일을 현묘한 도리라고 한다. 현묘한 도리는 깊고 멀고 사물과 상반되는 일이나 바로 가장 조리가 잘 서있는 것이다.

故曰: 爲道者非以明民也, 將以愚之也. 民之難〈治也, 以其〉知也.

古之爲道者, 非以明〈民也, 將以愚〉之也. 夫民之難治也, 以其知也.

그러므로 말하기를, "도를 행하는 자는 관리를 슬기롭게 하지 않고, 장차 관리를 어리석게 하는 것이다."라고 하였다.

故以知知邦, 邦之賊也; 以不知知邦, 邦之德也.

故以知知國, 國之賊也; 以不知知國, 國之德也.

그러므로 지혜로써 나라를 지혜롭게 하는 것이야말로 나라의 적이 되고, 지혜가 아닌 것으로써 나라를 지혜롭게 하는 것이야말로 나라의 덕이 되는 것이다.

恒知此兩者, 亦稽式也; 恒知稽式, 是胃玄德.

恒知此兩者, 亦稽式也; 恒知稽式, 是胃玄德.

이 두 가지를 늘 숙지하는 것, 역시 둘도 없는 법칙이며, 이 둘도 없는 법칙을 늘 숙지하는 것을 일러 '현묘한 도리'라고 한다.

玄德深矣, 遠矣, 與物〈反〉也, 乃至大順.

玄德深矣, 遠矣, 〈與〉物反也, 乃至大順.

'현묘한 도리'는 깊고 멀고 사물과 상반되는 것이나 바로 가장 조리가 잘 서있는 것이다.

王本 ▶▶▶▶▶▶▶▶▶▶▶▶▶▶▶▶▶▶▶▶▶▶▶▶▶▶▶▶▶▶▶▶▶▶▶▶▶

古之善爲道者, 非以明民, 將以愚之. 民之難治, 以其智多.

故以智治国, 国之賊, 不以智治国, 国之福.

知此両者, 亦稽式; 常知稽式, 是謂玄德.

玄德深矣, 遠矣, 与物反矣, 然後乃至大順.

訳文 ==

고대의 훌륭한 도를 지닌 사람은 사람들로 하여금 지교智巧를
배우지 못하게 하고 다른 사람들로 하여금 순박함으로 돌아가
서 참됨에 귀착토록 하는 것이다. 백성을 다스리기가 어려운
것은 바로 그들에게 지교智巧가 있기 때문이다.

그러므로 지혜로써 국가를 다스리면 국가의 큰 해가 되고 지
혜로써 국가를 다스리지 않으면 국가의 복덕이 되는 것이다.

이 두 가지를 항상 기억하는 것이야말로 국가의 법도(法式)가
되는 것이다. 항상 법식을 지키는 이것이 바로 현덕이다.

현덕은 심오유원深奧幽遠한 것이니 그것이 비록 일반과 상반된
다 하더라도 그것은 오히려 大順(사람이 지켜야 할 도리와 천
도에 순응함)의 경지에 도달하는 것이다.

註·解

稽: 상고할 계.
稽式: 둘도 없는 법칙.
玄德: 숨어 나타나지 않는 덕행, 현묘한 도리.
大順: 가장 조리가 서있다. 사람이 지켜야 할 도리와 천도에 순응함.

천하는
다툼과 함께 할 수 없다

강이나 바다는 모든 계곡의 왕자王者(왕도로 천하를 다스리는 임금)가 될 수 있어야 그 착함이 여기로 흘러 들어오는 것이다. 그리하여 모든 계곡의 왕이 될 수 있는 것이다. 그러므로 성인은 관리를 통치하고자 하면 반드시 말로써 겸허함을 나타내야 하고 관리를 영도하고자 하면 반드시 자신은 그의 뒤에 서있어야 한다. 따라서 앞서더라도 관리를 방해하지 않고 윗자리에 거처하더라도 관리를 압박하지 않아야 천하에 즐거움이 이르고 자신을 싫어하지 않는 것이니 도는 그로써 다툼이 없는 것이다. 그러므로 천하는 다툼과 함께 할 수 없는 것이다.

江海所以百谷王, 以其能爲百谷下 是以能爲百谷王.

聖人之在民前也, 以身後之 其在民上也, 以言下之 其在民上也, 民弗厚也 其在民前也, 民弗害也 天下楽進而弗*. 以其不爭也, 故天下莫能与之爭.

甲本 乙本 ▶▶▶▶▶▶▶▶▶▶▶▶▶▶▶▶▶▶▶▶▶▶▶▶▶▶▶▶▶▶

〈江海所〉以能爲百浴王者, 以其善下之, 是以能爲百浴王.

江海所以能爲百浴〈王者, 以〉其〈善〉下之也, 是以能爲百浴王.

강이나 바다는 모든 계곡의 王者가 될 수 있어야 그 착함이 여기로 흘러 들어오는 것이다. 그리하여 모든 계곡의 왕이 될 수 있는 것이다.

是以聖人之欲上民也, 必以其言下之; 其欲先〈民也〉, 必以其身後之.

是以耴人之欲上民也, 必以其言下之; 其欲先民也, 必以其身後之.

그리하여 성인은 관리를 통치하고자 하면 반드시 그 말로써 관리에게 겸허함을 나타내야 하고, 관리를 영도하고자 하면 반드시 그 자신은 관리의 뒤에 서있어야(양보해야) 하는 것이다.

故居前而民弗害也, 居上而民弗重也. 天下樂隼而弗猒也. 非以其无静(諍)與, 〈故天下莫能與〉静(諍).

故居上而民弗重也, 居前而民弗害. 天下樂誰而弗猒也.
不以其无爭與, 故〈天〉下莫能與爭.

그러므로 앞서더라도 관리를 방해하지 않고, 윗자리에 거처하
더라도 관리를 압박하지 않아야 천하에 즐거움이 이르고 (그
들이) 싫어하지 않으니 도는 그로써 다툼이 없다. 그러므로
천하는 다툼과 함께 할 수 없는 것이다.

王本 ▶▶▶▶▶▶▶▶▶▶▶▶▶▶▶▶▶▶▶▶▶▶▶▶▶▶▶▶▶▶▶▶▶▶▶▶▶▶

江海所以能爲百谷王者, 以其善下之, 故能爲百谷王.

是以欲上民, 必以言下之; 欲善民, 必以身後之.

是以聖人処上而民不重, 処前而民不害. 是以天下樂推
而不厭. 以其不爭, 故天下莫能与之爭.

訳文 ══

강해江海는 모든 시내가 돌아가는 곳을 이루니 이것은 가장 낮
은 지위에 잘 거처하기 때문에 모든 시내가 돌아가는 곳을 이
룰 수 있는 것이다.

이로 인해 성인이 백성의 윗자리에 거처하려고 한다면 반드시
언어 상에 겸하가 있어야 하고 백성의 앞에 서려고 한다면 반
드시 자기가 뒤에 있어야 하는 것이다.

그러므로 백성의 앞에 거처하더라도 그들은 한 점의 화해禍害
도 받지 않고 다른 사람의 윗자리에 있더라도 그들을 귀찮게
하지 않는 것이다. 천하가 기뻐하며 그를 추천하고 혐오하지

않으니 이것이 그에게 다툼이 없게 하는 것이다. 그러므로 천
하는 그와 더불어 다투지 않는 것이다.

上民: 관리를 통치하다.
先民: 관리를 영도하다.
重: 압박하다.
害: 방해하다.
猒: 물릴 염. 厭(다그칠 염)과 同字.
非: 아닐 비. 옳지 아니함, 위배함, 비방함, 책망함. 아마도 도의 다른 표현인 것 같다.

강해江海처럼 크게 포용해야 관리가 따르는 것이다. 그리하여 임
금은 관리에게 겸허하고 양보하며 방해하지 않고 핍박하지 않아야
나라에 즐거움이 모이게 되는 것이다. 그렇게 해야 천하는 다툼이
없고, 다툼이 없으니 천하가 임금과 함께 할 수 있는 것이다.

나라가 작아야
덕을 펼치기 용이하다

나라가 작으면 관리는 적으나 많은 사람들로 하여금 무기를 사용하지 못하게 할 수 있고 관리에게 생명을 중히 여기며 자유롭게 거주하도록 할 수 있다. 배나 수레가 있더라도 이를 타는 바가 없고 군대가 있더라도 이를 진 치는 바가 없으니 관리에게 태고의 간이한 정사를 시행하도록 할 수 있다. 음식이 맛이 있고 의복이 아름답고 관습이 즐겁고 주거지가 편안하면 이웃나라가 바라보이고 개나 닭의 울음소리가 들리더라도 관리는 늙어 죽을 때까지 서로 왕래하지 않는다.

小邦寡民, 使十百人之器毋用, 使民重死而遠徙.

小國寡民, 使有十百人之器而勿用, 使民重死而遠徙.

나라가 작으면 관리는 적으나 많은 사람들로 하여금 무기를 사용하지 못하게 할 수 있고, 관리에게 생명을 중히 여기며 자유롭게 거주하도록 할 수 있다.

有車周无所乘之; 有甲兵无所陳〈之; 使民復結繩而〉用之.

又周車无所乘之; 有甲兵无所陳之; 使民復結繩而用之.

배나 수레가 있더라도 이를 타는 바가 없고, 군대가 있더라도 이를 진陣치는 바가 없으니 관리에게 태고의 간이簡易한 정사政事를 시행하도록 할 수 있다.

甘其食, 美其服, 樂其俗, 安其居, 鄰邦相望, 鷄狗之聲相聞, 民至〈老死不相往來〉.

甘其食, 美其服, 樂其俗, 安其居, (鄰)國相望, 鷄犬之[聲相]聞, 民至老死不相往來.

음식이 맛이 있고, 의복이 아름답고, 관습이 즐겁고, 주거지가 편안하면 이웃나라가 서로 바라보이고 개나 닭의 울음소리가 들리더라도 관리는 늙어 죽을 때까지 서로 왕래하지 않는다.

王本 ▶▶▶▶▶▶▶▶▶▶▶▶▶▶▶▶▶▶▶▶▶▶▶▶▶▶▶▶▶▶▶▶▶▶▶▶▶

小國寡民, 使有什伯之器而不用, 使民重死而不遠徙.

雖有舟輿, 無所乘之; 雖有甲兵, 無所陳之; 使人復結繩
而用之.

甘其食, 美其服, 安其居, 楽其俗, 鄰国相望, 鶏犬之声
相聞, 民至老死, 不相往来.

訳文 ==

나라의 구역을 작게 하면 할수록 백성이 점점 적어지니 병기
를 사용하지 못하게 할 수가 있고 백성에게 죽음을 중시하게
할 수 있으며 병기는 필요가 없어지고 전선戰船이나 전차는 모
두 사용할 수 없게 할 수 있으니 병사의 무기도 쓸 곳이 없어
지는 것이다.

백성을 고대의 순박한 단계로 회복하면 그들로 하여금 음식은
저절로 감미롭게 하는 것이고 의복은 저절로 화려하게 하는
것이며 생활은 안락한 것이고 주거는 평정平靜하게 되는 것이
다.

마을이 서로 바라볼 수 있고 개와 닭의 울음소리를 들을 수
있으나 백성이 늙는다하더라도 서로 왕래하지 않는다.

十百: 수많음.

重死: 생명을 중히 여기다.

遠: 벗어나다.

陳: 陣(진 진)과 同字.

徙: 옮길 사.

周: 舟의 가차자.

甲兵: 군대.

結繩: 태고 적 문자가 없던 때에 노끈으로 매듭을 맺어 정령政令의 부호로 한 일. 전하여, 太古의 簡易한 政事.

천도는 이로우면서 해롭지 않고
인도는 시행하면서 다투지 않다

참된 말은 아름답지 않으니 아름다운 말은 믿음이 없는 것이고, 지혜로운 사람은 학식이나 견문 등을 드러내지 않으니 박함博學함을 드러내는 사람은 지혜롭지 못하고, 착한 사람은 많이 소유하지 않으니 많이 소유한 사람은 착하지 않은 것이다. 성인이 재물을 쌓아두지 않는 것은 이미 이로써 남을 위한 것이니 이로써 더욱 더 소유하는 것이고, 이미 이로써 남에게 주는 것이니 이로써 더욱 더 많은 것이다. 그러므로 천도는 이로우면서도 해롭지 않고 인도는 시행하면서도 다투지 않는 것이다.

〈信言不美, 美言不信. 知者〉不博, 博者不知. 善〈者不多, 多〉者不善.

信言不美, 美言不信. 知者不博, 博者不知. 善者不多, 多者不善.

참된 말은 아름답지 않으니 아름다운 말은 믿음이 없는 것이고, 지혜로운 사람은 학식이나 견문 등을 드러내지 않으니 박학博學을 드러내는 사람은 지혜롭지 못하고, 착한(좋은) 사람은 많이 소유하지 않으니 많이 소유한 사람은 착하지 않은 것이다.

聖人无積, 〈旣〉以爲〈人, 己愈有; 旣以予人, 己愈多〉.

耼人无積, 旣以爲人, 己愈有; 旣以予人矣, 己愈多.

성인이 쌓아두지 않는 것은 이미 이로써 남을 위한 것이니 이로써 더욱 더 소유하는 것이고, 이미 이로써 남에게 주는 것이니 이로써 더욱 더 많은 것이다.

〈故天之道, 利而不害; 人之道, 爲而不爭〉.

故天之道, 利而不害; 人之道, 爲而不爭.

그러므로 천도天道는 이로우면서도 해롭지 않고, 인도人道는 시행하면서도 다투지 않는 것이다.

信言不美，美言不信．善者不辯，辯者不善．知者不博，
博者不知．

聖人不積，既以為人，己愈有；既以与人，己愈多．

天之道，利而不害．聖人之道，為而不争．

성실한 언어는 화려하지 않고 화려한 언사는 성실하지 못하며
지식이 깊은 사람은 박식하지 못하고 박식한 사람은 깊은 지
식이 없는 것이다. 호의적인 사람은 재물을 많이 쌓아두지 않
고 재물을 많이 쌓아둔 사람은 친절하지 못한 사람이다.

그러므로 성인은 재물을 쌓아두지 않는 것이다. 타인에게 모
두 베푼 사람은 자신이 오히려 더욱 소유하는 것이고 타인에
게 모두 준 사람은 자신이 오히려 더욱 많아지는 것이다.

그러므로 천도는 만물에게 도움을 주며 상해하지 않고 인도는
응당 베풀며 다투지 않는 것이다.

註·解

知: 智.

博: 넓을 박. 학식이나 견문 등이 많음.

己와 已의 소전체가 엇비슷하여 誤字일 수 있으므로 을본을 따른다.

己: 이미, 벌써, 以와 통용.

兪: 愈(더욱 유)와 同字.

予: 與(줄 여)와 同字.

참된 말은 꾸밈이 없으니 꾸밈이 있는 말은 믿음이 없는 것이다.

지혜로운 사람은 자신의 학식이나 견문 등을 드러내지 않으니 자신의 학식이나 견문을 드러내는 사람은 지혜롭지 못한 것이다.

착한 사람은 많이 소유하지 않으니 많이 소유한 사람은 착하지 못한 것이다.

성인이 쌓아 두지 않는 것은 남을 위한 배려요 이렇게 함으로써 자신의 소유가 다른 사람의 소용이 되어 효용성이 커지기 때문에 더욱 더 소유한다고 하는 것이고, 이로 인해 백성의 삶이 윤택해져서 평안한 것이 더욱 더 많아진다고 표현한 것이다.

그러므로 천도는 이로우면서 해롭지 않은 것이고, 인도는 시행하면서 다투지 않는 것이다.

제 67 장

덕은 앞서지 않고
뒤서는 것이다

천하는 나를 두고 크며 작지 않다고 말한다. 대개 오직 큰 것은 작지 않은 것이다. 만약 작다면 그 미세함(道)은 오래 갈 것이다. 나는 항상 세 가지의 보물을 장악하고 보존하는데, 하나는 관용이고 둘은 절약이고 셋은 감히 천하의 전면에 서지 않는 것이다. 대개 관용은 용감할 수 있고 절약은 안태할 수 있고 감히 천하의 전면에 서지 않는 것은 오래도록 일을 이룰 수 있는 것이다. 관용이 없는 용감성이나 배면이 없는 전면은 반드시 죽게 된다. 대개 관용을 가지고 전쟁을 해야 승리하는 것이니 이로써 관용을 지켜야 견고하다. 하늘이 장차 이를 건립하려고 하니 만약 관용한다면 이를 원조하고 보호할 것이다.

〈天下皆謂我大, 不肖〉. 夫唯〈大〉, 故不宵. 若宵, 細
久矣. 我恒有三葆, 之.

天下〈皆〉胃我大, 大而不宵. 夫唯不宵, 故能大. 若宵,
久矣其細也夫. 我恒有三琛, 市而琛之.

천하는 모두 나(道)를 두고 크며 작지 않다고 말한다. 대개
오직 큰 것은 작지 않은 것이다. 만약 작다면 그 미세함(道)
은 오래 갈 것이다. 나는 항상 세 가지의 보물을 장악하고 보
존하는데,

一曰兹, 二曰檢, 〈三曰不敢爲天下先〉.

一曰兹, 二曰檢, 三曰不敢爲天下先.

하나는 관용이고 둘은 절약이고 셋은 감히 천하의 전면에 서
지 않는 것이다.

〈夫慈, 故能勇; 儉〉, 故能廣; 不敢爲天下先, 故能爲
成事長.

夫兹, 故能勇; 檢, 敢能廣; 不敢爲天下先, 故能爲成
器長.

대개 관용은 용감할 수 있고, 절약은 안태할 수 있고, 감히
천하의 전면에 서지 않는 것은 오래도록 일을 이룰 수 있다.

今舍其兹, 且勇; 舍其後, 且先, 則必死矣.

今舍其兹, 且勇; 舍其檢, 且廣; 舍其後, 且先, 則死矣.

그 관용이 없는 용감성이나 그 배면背面이 없는 전면前面은 반

드시 죽게 된다.

夫兹, 〈以戰〉則勝, 以守則固.

夫兹, 以單則朕, 以守則固.

대저 관용을 가지고 전쟁을 한다면 승리하니, 이로써 관용을
지킨다면 견고하다.

天將建之, 女以兹垣之.

天將建之, 如以兹垣之.

하늘이 장차 이를 건립하려고 하는 것이니 만약 관용한다면
이를 원조하고 보호할 것이다.

王本 ▶▶▶▶▶▶▶▶▶▶▶▶▶▶▶▶▶▶▶▶▶▶▶▶▶▶▶▶▶▶▶▶▶▶▶▶

天下皆謂我道大, 似不肖. 夫唯大, 故似不肖. 若肖, 久
矣其細也夫. 我有三寶, 持而保之,

一曰慈, 二曰儉, 三曰不敢爲天下先.

慈, 故能勇; 儉, 故能広; 不敢爲天下先, 故能成器長.

令舍慈且勇, 舍儉且広, 舍後且先, 死矣.

夫慈, 以戰則勝, 以守則固.

天將救之, 以慈衛之.

천하는 모두 나를 광대하다고 하고 광대하고 곧 미소細小하지 않다고 한다. 미소細小하지 않기 때문에 곧 광대할 수 있는 것이다. 만약 미소細小하다면 훨씬 전에 미소細小하였을 것이다.

나는 세 가지의 보물이 있으니 진귀한 보물을 유지하려고 하는데, 하나는 자애慈愛라 하고, 둘은 색검嗇儉(절약)이라 하며, 셋은 천하의 사람들 앞에 서지 않는다고 하는 것이다.

자애는 바로 용감할 수 있고, 절약은 바로 풍후할 수 있으며, 천하의 사람들 앞에 서지 않는 것은 바로 군장君長이 될 수 있는 것이다.

현재 자애를 버리고 용감함을 추구하거나 절약을 버리고 풍후함을 추구하거나 뒤에서는 것을 버리고 앞에서는 것을 추구한다면 이것은 모두 불가능한 것이 된다.

자애를 사용하면 전쟁에서 승리하고 자애를 방수防守하면 바로 견고할 수가 있다.

하늘이 장차 그것을 건립하려고 하는 것은 바로 자애가 그것을 베푸는 것이다.

註·解

宵: 밤 소. 小와 통용함. 小나 細는 도의 다른 표현.

葆: 寶와 통용함.

茲: 慈(관용)의 가차자.

檢: 儉(검소할 검. 검약과 인색.)의 가차자.

廣: 넓을 광. 安泰함(大學).

不敢: 감히 하지 못함.

先: 앞서다.

女: 如의 가차자.

舍: 집 사. 버리다(시경).

垣: 담 원. 원조하여 보호하는 것.

　　나는 작은 세 가지를 장악하며 보존하려고 노력하는데, 그 하나
는 관용이고 그 둘은 절약이며 그 셋은 천하의 전면에 서지 않는 것
이다. 대개 관용해야 용감하고 절약해야 편안하며 감히 천하의 전면
에 서지 않아야 오래도록 일을 이룰 수 있는 것이다. 만약 관용을
버리고 천하의 전면에 선다면 반드시 망할 것이니 관용으로써 전쟁
을 해야 승리하기에 관용을 지키는 것이다.

사람을 잘 쓰는 사람은
겸손하다

무사武士를 좋아하는 사람은 용감하지 못하고 전쟁을 좋아하는 사람은 분기奮起하지 못하며 적에게 승리를 잘 하는 사람은 남과 함께 하지 못하나, 사람을 잘 쓰는 사람은 겸손하다. 이것을 다투지 않는 덕이라 하고 사람을 이용하는 것이라 하며 이것을 하늘이라 하는 것이니 이러한 것을 고대의 준칙이 되는 것이라 한다.

善爲士者不武, 善戰者不怒, 善勝敵者弗〈與〉, 善用人者爲之下.

故善爲士者不武, 善單者不怒, 善朕敵者弗與, 善用人者爲之下.

무사武士를 좋아하는 사람은 용감하지 못하고, 전쟁을 좋아하는 사람은 분기(분발해 일어남)하지 못하며, 적에게 승리를 잘 하는 사람은 남과 함께 하지 못하나, 사람을 잘 쓰는 사람은 겸손하다.

〈是〉胃不諍之德, 是胃用人, 是胃天, 古之極也.

是胃不爭〈之〉德, 是胃用人, 是胃肥天, 古之極也.

이것을 '다투지 않는 덕'이라 하고, '사람을 이용하는 것'이라 하며, '하늘'이라 하는 것이니 이러한 것을 '고대古代의 준칙이 되는 것'이라 한다.

王本 ▶▶▶▶▶▶▶▶▶▶▶▶▶▶▶▶▶▶▶▶▶▶▶▶▶▶▶▶▶▶▶▶▶▶▶▶▶

善爲士者不武, 善戰者不怒, 善勝敵者不興, 善用人者爲之下.

是謂不爭之德, 是謂用人之力, 是謂配天, 古之極.

訳文 ==

군대를 인솔하는 것을 잘 하는 사람은 무용武勇을 자랑하며 교만하지 않고, 작전을 잘 하는 사람은 성급하게 화내지 않으며, 적을 잘 이기는 사람은 다투지 않고, 사람을 잘 쓰는 사람은 낮은 지위에 기꺼이 거처한다.

이것이 바로 다투지 않는 덕행이고, 사람을 쓰는 것이며, 천도와 함께 하는 것이다.

註·解

士:	武士.
武:	용감함.
怒:	분기奮起함(장자).
下:	겸손함.
諍:	爭의 가차자.
極:	眞善, 도덕의 근본(詩經).

임금이 무예를 좋아하는 것은 용감하지 못한 증표이고, 전쟁을 좋아하는 것은 스스로 분발하여 일어나지 못한다는 증거이며, 승벽勝癖이 강한 것은 남과 함께 어울릴 수 없다는 증거이다. 그러나 사람을 잘 쓰는 임금은 겸손하다. 겸손을 '다투지 않는 덕', '사람을 이용하는 것', '하늘'이라고 하는데, 이것이 고대로부터 내려오는 준칙이다.

제 **69** 장

(33)

덕은
싸우지 않고도 이기는 것이다

군사를 부리는 것(用兵)에 대한 훌륭한 말이 있으니, "나는 감히 주인이 되지 않고 손님이 된다. 나는 감히 한 치도 나가지 않고 오히려 한 자를 물러난다."라고 하였다. 이것은 행하지 않으며 행하고 팔꿈치를 펴고서 소매를 걷어 올리는 것처럼 손쉬운 것이다. 병사를 모으지 않고도 권력을 차지하는 것이 바로 무적이다. 화가 무적보다 크다면 나의 세 가지 보물은 거의 잃게 될 것이다. 그러므로 병사를 일으키더라도 약자를 따르며 이를 민망히 여기는 사람이 승리하는 것이다.

用兵有言曰: "吾不敢爲主而爲客, 吾不進寸而芮尺."

用兵又言曰: "吾不敢爲主而爲客, 吾不進寸而退尺."

용병에 대한 훌륭한 말이 있으니, "나는 감히 주인이 아니 되고 손님이 된다. 나는 감히 한 치(寸)도 나가지 아니하고 오히려 한 자(尺)를 물러난다."라고 하였다.

是胃行无行, 襄无臂, 執无兵, 乃无敵矣.

是胃行无行, 攘无臂, 執无兵, 乃无敵.

이것은 행하지 않으며 행하는 것이고, 팔꿈치를 펴고서 소매를 걷어 올리는 것처럼 손쉬운 것이다. 병사를 모으지 않고서 권력을 차지하는 것이 바로 무적無敵이다.

(禍)莫於於无適, 无適斤亡吾吾葆矣.

禍莫大於無適, 無適近亡吾㻌矣.

화禍가 무적無敵보다 막대하다면 나의 보물은 거의 잃게 될 것이다.

故稱兵相若, 則哀者勝矣.

故抗兵相若, 而依者朕〈矣〉.

그러므로 병사를 일으키더라도 약자를 따르며 이를 민망히 여기는 사람이 승리하는 것이다.

用兵有言: '吾不敢爲主而爲客, 不敢進寸而退尺.'

是謂行無行, 攘無臂, 扔無敵, 執無兵.

禍莫大於輕敵, 輕敵幾喪吾宝.

故抗兵相加, 哀者勝矣.

訳文 ==

용병하며 작전할 때에는 일종의 설법이 있는 것이니 나는 감히 주동적으로 진공進攻하지 않고 편안하게 기다리며 방어하고 감히 한 치도 진공하지 않고 한 자를 물러난다.

이것이 바로 진세陣勢가 없더라도 행군할 수 있음을 말하는 것이고, 팔꿈치를 펴지 않더라도 옷소매를 걷어 올릴 수 있다는 것이며, 병기가 없더라도 권력을 장악하는 것이고, 적이 없더라도 공격을 이끄는 것이다. 화가 침범하면 비교적 적을 더욱 크게 경시하지 않으니 적을 경시한다면 나의 법실法室은 잃게 될 것이다.

그러므로 양군兩軍의 실력이 상당하다 하더라도 자애심이 있는 쪽이 승리하는 것이다.

註·解

芮: 풀싹이 작고 연할 예. 退의 가차자.

襄: 오를 양. 攘(물리칠 양. 소매를 걷어 올림)의 가차.

臂: 팔 비.

執: 권세를 차지함(史記).

莫大: 더 없이 크다.

斤: 近.

葆: 寶와 통용함.

稱兵과 抗兵은 모두 擧兵의 의미임.

哀: 서러울 애. 민망히 여기다.

　　'행하지 않으며 행하는 것'이란 우리 속담에 '손 안 대고 코 푼다' 라는 의미와 통하니 손쉽다는 의미이고, '팔꿈치를 펴고서 소매를 걷어 올리는 것'이란 팔꿈치를 구부리면 소매를 걷어 올리기 어려우 나 팔꿈치를 쭉 펴면 소매를 걷어 올리기 수월한 것처럼 '매우 용이 하다'라는 의미이며, '병사를 모으지 않고서 권력을 차지하는 것이 바로 무적無敵이다'란 경쟁하지 않고서 주위의 추대에 의해 손쉽게 권력을 차지하는 사람이 무적이라는 의미이고, '화禍가 무적無敵보다 더 할 수 없이 크다면 나의 보물은 거의 잃게 될 것이다'란 모든 재 앙과 액화厄禍(내란, 혹은 내부의 갈등)가 적보다 더 무섭다는 의미 이다.

제 **70** 장

(34)

언어는 주재가 있고
일은 근본이 있다

나의 말은 이해하기가 매우 쉬워서 행하기도 매우 쉬운데, 사람들이 이해하지 못하기 때문에 이행하지 못하는 것이다. 언어는 주재함이 있고 일은 근본이 있는데도 그것이 오직 무지하여 나를 이해하지 못하는 것이고 나를 이해하는 자가 드물기 때문에 내가 귀한 것이다. 그리하여 성인은 털옷을 입고서 옥을 품는다.

吾言甚易知也, 甚易行也; 而人莫之能知也, 而莫之能
行也.

吾言易知也, 易行也; 而天下莫之能知也, 莫之能行
也.

나의 말(道)은 이해하기가 매우 쉬워서 행하기도 매우 쉬운데,
사람들이 이해하지 못하기 때문에 이행하지 못하는 것이다.

言有君. 事有宗, 其(夫)唯无知也, 是以不〈我知. 知我
者希, 則〉我貴矣.

夫言又宗, 事又君. 其(夫)唯无知也, 是以不我知. 知
者希, 則我貴矣.

언어는 주재主宰가 있고 일(事)은 근본이 있는데도 그것이 오
직 무지하여 나를 이해하지 못하고 나를 이해하는 사람이 드
물기 때문에 내가 귀貴한 것이다.

是以聖人被褐而裹玉.

是以取人被褐而裹玉.

그리하여 성인은 털옷을 입고서 옥을 품는다.

吾言甚易知, 甚易行; 天下莫能知, 莫能行.
言有宗, 事有君. 夫惟無知, 是以不我知. 知我者希, 則
我者貴.

是以聖人, 被褐懷玉.

나의 말은 이해하기가 매우 용이하고 또한 실행하기가 매우 용이하나 사람들이 오히려 이해할 수 없어서 실행할 수 없는 것이다.

언어는 반드시 주지主旨(주된 요지)가 있어야 하고 일을 처리하는 것은 반드시 근거가 있어야 한다. 사람들이 주지와 근거를 이해하지 못하기 때문에 나를 이해하지 못하는 것이다. 나를 이해하지 못하는 것이 매우 적기 때문에 나는 존귀함을 얻는 것이다.

그러므로 성인은 항상 겉으로는 무명옷을 걸치나 마음속에는 보옥寶玉을 품고 있는 것이다.

註·解

| 甚: 매우. |
| 易: 容易. |
| 知: 깨닫다. |
| 莫: 無. |
| 宗: 강령綱領, 근본. |
| 君: 主宰(주장하여 맡음). |

褐: 털옷 갈. 거친 털로 짠 천한 사람들이 입는 옷.

褱: 따를 회. 懷(품을 회)의 古字.

　'성인은 털옷을 입고서 옥을 품다'란 자신의 재기才氣를 감추고
속세와 어울리며 그들을 교화하듯이, 정치란 모름지기 내막을 숨기
고 그 정치적 결과를 좋게 하는 것이라는 의미이다. 불가의 '남에게
베풀고 자랑하지 않다'라는 말과 일맥상통한다.

제 **71** 장

(35)

무지無知가
덕德이다

무지를 아는 것은 숭상이고 무지를 모르는 것은 병이다. 그러므로 성인은 병이 아니나 이로써 그 病이 병이 되는 것이니 병이 아니다.

甲本 乙本 ▶▶▶▶▶▶▶▶▶▶▶▶▶▶▶▶▶▶▶▶▶▶▶▶▶▶▶▶▶▶▶▶▶▶

知不知, 尚矣; 不知不知, 病矣.

知不知, 尚矣; 不知知, 病矣.

무지無知를 아는 것은 숭상이고 무지無知를 모르는 것은 병病이다.

是以聖人之不病, 以其〈病病, 是以不病〉.

是以耵人之不〈病〉也, 以其病病也, 是以不病.

그러므로 성인은 병이 아니나 이로써 그 병病이 병이 되는 것
이니 병이 아니다.

王本 ▶▶▶▶▶▶▶▶▶▶▶▶▶▶▶▶▶▶▶▶▶▶▶▶▶▶▶▶▶▶▶▶▶▶

知不知, 上; 不知知, 病.

夫惟病病, 是以不病. 聖人不病, 以其病病, 是以不病.

訳文 ══

자기를 깨닫고도 깨닫지 못한 바가 있으면 이것은 장점이고,
자기를 깨닫지 못하고도면 자기를 깨닫지 못하는 바가 있으면
이것은 결점이다.

그러므로 성인은 결점이 없으니 이로 인해 그가 병이 되는 것
을 알지 못하므로 이와 같다면 결점이 없는 것이다.

'성인은 병이 아니나 이로써 그 병病이 병이 되는 것이다. 그리하
여 병이 아닌 것이다.'란 '성인은 무지를 알고 있으나 무지를 모르는

척하며 행동하기 때문에 병이 아닌 것이다'라는 의미이다. 예를 들어 수양이 잘 되고 준수함을 갖춘 사람이 또한 겸손하게 행동한다면 수양과 준수함을 감추어 훌륭하게 보이지 않더라도 그것은 흠이 되지 않는다는 것과 같은 의미이다.

자랑과 귀함을 버리고
무위의 지혜와 사랑을 취하다

관리가 해독을 두려워하지 않으면 장차 큰 해독이 도래한다. 자신의 거처를 폐문하지 말고 자신의 삶을 다그치지 말라. 대개 자신 (임금)을 다그치지 않아야 남(관리)을 다그치지 않는다. 그러므로 성인은 자신이 지혜롭다 하더라도 자신을 드러내지 않고, 자신을 사랑한다 하더라도 자신을 귀하게 여기지 않는다. 그래서 자랑하는 것과 귀하게 여기는 것을 버리고 무위의 지혜와 사랑을 취하는 것이다.

〈民之不畏威, 則大威將至〉矣.

民之不畏畏, 則大畏將至矣.

관리가 해독을 두려워하지 않으면 장차 큰 해독이 도래한다.

毋閘其所居, 毋猒其所生. 夫唯弗猒, 是〈以不猒〉.

毋伊其所居, 毋猒其所生. 夫唯弗猒, 是以不猒.

자신의 거처를 폐문하지 말고, 자신의 삶을 다그치지 말라. 대
개는 오직 (자신을) 다그치지 않아야 (남을) 다그치지 않는다.

〈是以聖人自知, 而不自見也, 自愛〉而不自貴也. 故去
被取此.

是以耴人自知而不自見也, 自愛而不自貴也. 故去罷而
取此.

그러므로 성인은 자신이 지혜롭다하더라도 자신을 드러내지
(자랑하지) 않고, 자신을 사랑한다하더라도 자신을 귀하게 여
기지 않는다. 그래서 저것(자랑하는 것과 귀하게 여기는 것)
을 버리고 이것(無爲의 지혜와 사랑)을 취하는 것이다.

民不畏威, 則大威至.

無狎其所居, 無厭其所生. 夫唯不厭, 是以不厭.

是以聖人自知不自見, 自愛不自貴. 故去彼取此.

사람들을 마땅히 해롭게 하는 것이 해롭게 하지 않는다면 사회는 바로 큰 화가 발생한다.

사람들을 강압하려고 하더라도 (자신의) 안녕安寧을 얻으려 하지 않는다면 사람들의 생활을 억압하더라도 착취하지 않는 것이다. 다만 그들을 억압하더라도 착취하려 하지 않기 때문에 그들이 싫어하지 않는 것이다.

성인은 자기의 능력을 정확히 알고 있기 때문에 자신을 뽐내지 않고 자애의 덕이 있으며 자신을 귀하게 여기지 않기 때문에 자신의 능력을 뽐내지 않고 자신을 귀하게 여기지 않으며 자지自知와 자애를 유지하는 것이다.

註・解

威:	해독(노자).
毋:	無와 同字.
閘:	닫을 갑. 폐문함.
猒:	厭(두절되다, 다그치다)과 同字.
被:	彼의 가차자.

용감한 자는 죽고
용감하지 않은 자는 살다

무용武勇을 자랑하는 자는 죽고, 무용을 자랑하지 않는 자는 산다. 이 두 가지는 혹 이익이 되기도 하고 혹 손해가 되기도 하나 이를 하늘이 미워하는 까닭은 그 누구도 모르는 일이다. 천도는 싸우지 않고서도 이기고, 말하지 않고서도 서로 통하며, 부르지 않더라도 저절로 오고, 마음이 관대하더라도 그 마음을 감추는 것이다. 하늘은 인간의 잘못을 관대하게 대하는 듯 하나 반드시 언젠가는 벌을 내린다.

勇於敢者〈則殺, 勇於不敢則桔. 此兩者或利或害, 天
之所惡, 孰知其故〉?

勇於敢者則殺, 勇於不敢則桔. 〈此〉兩者或利或害, 天
之所亞, 孰知其故?

용감한 자는 죽고 용감하지 않은 자는 산다. 이 두 가지는 혹
이익이 되기도 하고 혹 해가 되기도 하는 것인데도 하늘이 미
워하는 그 까닭을 누가 알겠는가?

〈天之道, 不戰而善勝〉, 不言而善應, 不召而自來, 彈
而善謀. 〈天罔恢恢, 疏而不失〉.

天之道, 不單而善朕, 不言而善應, 弗召而自來, 單而
善謀. 天罔(恢恢), 疏而不失.

천도天道는 싸우지 않더라도 잘 이기고, 말하지 않더라도 잘
호응하고, 부르지 않더라도 저절로 오고, 마음이 관대하더라
도 잘 속인다. 하늘의 그물이란 관대하여 트였더라도 잃지 않
는다.

勇於敢則殺, 勇於不敢則活. 此兩者或利或害, 天之所
惡, 孰知其故?

'是以聖人猶難之.' 天之道, 不爭而善勝, 不言而善応,
不召而自來, 繟然而善謀. 天網恢恢, 疏而不失.

訳文 ==

억지로 행하며 용감하면 바로 멸망하고, 양보하며 용감하면
바로 영존永存한다. 이 두 가지는 이익이 되기도 하고 해가 되
기도 하는 것이다. 하늘이 싫어하는 것이 여기에서 연유한다
는 것을 누가 알겠는가?

천도는 전쟁하지 않으나 승리할 수 있고 명령하지 않으나 응
할 수 있으며 부르지 않으나 스스로 귀순하고 심사가 예민하
지 않으나 잘 도모하는 것이다.

하늘의 그물은 매우 넓고 크며 정밀하지 않으나 빠뜨리지 않
는다.

註·解

栝:	향나무 괄. 活의 가차자.
召:	부를 소. 부르다.
彈:	활 탄. 坦(평탄할 탄, 관대하다)의 가차자.
謀:	꾀할 모. 속이다, 생각하다, 상의하다, 책략을 세우다.
恢恢:	넓을 회. 관대하다, 마음이 넓다.
疏:	트일 소. 막힌 것이 통하다.
罔:	網의 가차자.

제 74 장

(38)

죽음을 관장하는 자는 목수와 같다

만약 관리가 항상 죽음을 두려워하지 않는다면 살인하는 것도 두려워하지 않으나, 만약 관리가 항상 죽음을 두려워한다면 장차 내(도)가 행동하더라도 도가 필요하지 않으니 그 누구라도 살인을 하지 않을 것이다. 만약 관리가 반드시 항상 죽음을 두려워한다면 늘 죽음을 관장하는 자가 나타난다. 대개 죽음을 관장하는 자는 죽음을 자랑하게 되는데 이것은 목수가 나무를 베고 깎는 것과 같다. 대개 목수가 자신이 나무를 잘 베고 잘 깎는다고 자랑하고서 그의 손을 다치지 않은 적이 없다.

〈若民恒且不畏死〉, 奈何以殺思之也?

若民恒且畏不畏死, 奈何以殺瞿之也?

만약 관리가 항상 죽음을 두려워하지 않는다면 어찌 살인을 두려워하겠는가?

若民恒是死, 則而爲者吾將得而殺之, 夫孰敢矣.

使民恒且畏死, 而爲畸者〈吾〉得而殺之, 夫孰敢矣.

만약 관리가 항상 죽음을 두려워한다면 장차 내가 행동한다 하더라도 도道가 필요 없을 터이니 대저 누가 감히 살인을 하겠는가?

若民〈恒且〉必畏死, 則恒有司殺者.

若民恒且必畏死, 則恒又司殺者.

만약 관리가 반드시 항상 죽음을 두려워한다면 늘 죽음을 관장하는 자가 있을 것이다.

夫伐司殺者殺, 是伐大匠斲也. 夫伐大匠斲者, 則〈希〉不傷其手矣.

夫代司殺者殺, 是代大匠斲也. 夫代大匠斲, 則希不傷其手.

대개 죽음을 관장하는 자는 죽음을 자랑하는 것이니 이것은 목수가 나무를 베고 깎는다고 자랑하는 것과 같다.

대개 목수가 자신이 나무를 잘 베고 잘 깎는다고 자랑하고서 그 손을 다치지 않은 적이 없다.

王本 ▶▶▶▶▶▶▶▶▶▶▶▶▶▶▶▶▶▶▶▶▶▶▶   ▶▶▶▶▶▶▶▶▶▶▶▶▶▶▶

民不畏死, 奈何以死懼之?

若使民常畏死, 而為奇者, 吾得執而殺之, 孰敢.

常有司殺者殺.

夫代司殺者殺, 是謂代大匠斲. 夫代大匠斲者, 希有不傷其手者矣.

訳文 ══

백성이 죽음에 처하는 것을 두려워하지 않으니 어찌 죽음을 이용하여 그들을 위협하겠는가?

만약 백성이 죽음에 처하는 것을 두려워한다면 이에 대한 행동은 不正한 것이 되고, 이것이 그를 사형에 처하는 것이니 어찌 그 누가 망동한 행위를 하겠는가?

만약 백성이 사형에 처하는 것을 두려워하지 않는다면 바로 하늘에서 그 상벌을 내리는 것이고, 드물게 유행하는 명목을 대신 빌려서 백성을 어지럽게 죽이니, 이것을 목수가 나무를 베는 것과 비교하여 대체하면 목수가 나무를 베면서 자기 손을 다치지 않기가 드문 경우와 같은 것이다.

註・解

奈何: 어찌하다.

是: 畏의 誤字.

司: 맡을 사. 관장하다.

匠: 장인 장. 木工.

伐: 칠 벌. 자랑하다.

斲: 깎을 착. 베고 깎다.

希: 드물 희. 희소함.

세금이 많아서 백성이 굶는다면 덕이 아니다

사람들이 굶주리는 것은 백성이 식량을 얻는다 하더라도 세금을 많이 내기 때문에 굶주리는 것이다. 백성을 다스리지 않는 것은 그 임금이 유위하기 때문에 다스리지 않는 것이다. 관리가 죽음을 경시 하는 것은 그 생명에 대해 애착을 갖기 때문에 죽음을 가볍게 생각 하는 것이다. 대개 오직 삶을 무위로써 행하는 사람이라야 여기에서 현귀함이 생기는 것이다.

人之飢也, 以其取食(稅)之多也, 是以飢.

人之飢也, 以其取食貌之多也, 是以飢.

사람들의 굶주림은 (백성이) 식량을 얻는다 하더라도 세금이
많기 때문에 굶주리는 것이다.

百姓之不治也, 以其上有以爲〈也〉, 是以不治.

百生之不治也, 以其上之有以爲也, 〈是〉以不治.

백성을 다스리지 않는 것은 그 임금이 유위하기 때문에 다스
리지 않는 것이다.

民之巠死, 以其求生之厚也, 是以巠死.

民之輕死也, 以其求生之厚也, 是以輕死.

관리가 죽음을 경시하는 것은 그 생명에 대해 애착을 갖기 때
문에 죽음을 가볍게 생각하는 것이다.

夫唯无以生爲者, 是賢貴生.

夫唯无以生爲者, 是賢貴生.

대개 오직 삶을 무위無爲로써 행하는 사람이라야 여기에서 현
귀賢貴함이 생기는 것이다.

民之饑, 以其上食稅之多, 是以饑.

民之難治, 以其上之有爲, 是以難治.

民之輕死, 以其求生之厚, 是以輕死.

夫唯無以生爲者, 是賢於貴生

訳文 ==

사람이 굶는 까닭은 그들의 먹을 것이 과다하므로 굶는 것이다.

백성을 통치하기가 용이하지 않기 때문이나 이로 인해 군왕이 유위有爲하므로 통치가 어려운 것이다.

사람들이 쉽게 요절하는 것은 그들이 지나치게 장생長生을 탐구貪求하기 때문에 곧 요절하는 것이다.

단지 장생추구를 고심하지 않는다면 그들은 곧 장생할 수 있는 것이다.

註·解

上: 尙(바랄 상)과 통용함.
有: 소유.
爲: 다스리다(좌전).
巠: 輕.

남의 죽음은 경시하면서 자신의 죽음에 대해서는 애착을 느끼는 것은 크나큰 모순이다. 그러므로 자신의 죽음도 객관화하면서 가볍게 생각해야 하는 것이다. 즉 오직 삶 자체를 느끼거나 집착하지 않고 최선을 다해 살아가다 보면 삶의 상대적 개념인 죽음의 공포도 사라지는 것이다. 삶의 지나친 애착이 죽음의 공포를 가져오는 것이다.

백성이 굶주리는 것은 세금이 가혹하기 때문인데, 이는 관리의 횡포가 그 원인이다. 관리가 그 자신의 생명은 중시하면서 백성의 죽음을 경시하는 것은 덕목이 아니다. 이는 오직 유위로써 생각하기 때문이니 오직 무위로써 행동해야 현귀함이 생기는 것이다.

강병强兵은 부도不道이다

인생은 유약하기 그지없으나 그 죽음은 강하고 질기고 굳세다. 만물초목의 목숨은 연약하기 그지없으나 그 죽음은 말라죽어서 뻣뻣하다. 그러므로 굳세고 강한 것은 죽은 무리이고 유약하고 미세한 것은 살아 있는 무리이다. 병사가 강하면 승리하지 못하나 나무가 강하면 항구한 것이니, 강대함은 아래에 거처하고 유약하고 미세함은 위에 거처한다.

人之生也柔弱, 其死也榳仞賢强.

人之生也柔弱, 其死也髐信堅强.

인생人生이야말로 유약하더라도 그 죽음은 강하고 질기고 굳세다.

萬物草木之生也柔脆, 其死也枯藃.

萬物草木之生也柔脆, 其死也枯藃.

만물초목의 목숨이야말로 연약하더라도 그 죽음은 말라죽어서 뻣뻣하다.

故曰: 堅强者死之徒也; 柔弱微細生之徒也.

故曰: 堅强者死之徒也; 柔弱生之徒也.

그러므로 "굳세고 강한 것은 죽은 무리이고 유약하고 미세한 것이 살아 있는 무리이다."라고 하였다.

兵强則不勝, 木强則恒. 强大居下, 柔弱微細居上.

〈是〉以兵强則不朕, 木强則兢. 故强大居下, 柔弱居上.

병사가 강하면 승리하지 못하나 나무가 강하면 항구하니 강대함은 아래에 거처하고 유약하고 미세함은 위에 거처하는 것이다.

人之生也柔弱, 其死也堅强.

萬物草木之生也柔脆, 其死也枯槁.

故堅强者死之徒, 柔弱者生之徒.

是以兵强則滅, 木强則兵. 强大處下, 柔弱處上.

訳文 ==

사람의 융통성이 있는 수단이나 계획과 신체의 유연함이 죽은 다음이라면 융통성이 없어서 빳빳한 것이 된다.

만물의 융통성이 있는 수단이나 계획이 시행될 때에는 유연하나 죽은 후에는 바로 바싹 말라 시드는 것이다. 말하자면 건강한 것은 사망의 한 족속이고 유연한 것은 생존의 한 족속이다.

그러므로 병사의 힘을 강력하게 하면 반드시 곧 패하게 되고, 수목이 높고 큰 것은 장구할 수 없는 것이다.

따라서 강대한 것은 오히려 피동적으로 처하는 것이고, 유약한 것은 곧 주동적으로 거처할 수 있는 것이다.

註·解

菫: 筋.
仞: 길 인. 肕(질길 인)의 가차자.
槀: 槁(마를 고).

살아서 움직이는 것은 유약하나 죽어서 멈춘 것은 강하고 질기고 굳세듯이 도는 유약하고 부도는 강하고 질기고 굳센 것이다.

그러므로 강병은 강하고 질기고 굳센 것을 숭상하는 것이기 때문에 도가 아니다.

천도는 여유를 덜어 부족을 보태나, 인도는 부족을 빼앗아 여유를 받들다

천하의 도는 활을 당기는 것과 같다. 줄이 너무 탱탱하면 이를 좀 더 늦추고 줄이 너무 느슨하면 이를 좀 더 탱탱하게 들어올리는 것과 같이 남는 것은 이를 덜어내고 부족한 것은 이를 보태는 것이다. 그러므로 천도는 남는 것을 덜어서 부족한 것을 보태나, 인도는 부족한 것을 덜어서 남는 것을 받든다. 누가 능히 남는 것으로써 하늘을 받들겠는가? 오직 도가 있는 사람일 것이다. 그리하여 성인은 행위를 하더라도 소유하지 않고 성공을 하더라도 거처하지 않으니 만약 그것이 이와 같다면 현인을 보고자 하지 않을 것이다.

天下〈之道, 猶張弓〉者也.

天之道, 酉張弓也.

천하의 도는 활을 당기는 것과 같다.

高者印之, 下者擧之; 有餘者(損)之, 不足者補之.

高者印之, 下者擧之; 有余者云之, 不足者〈補之〉.

줄이 너무 탱탱하면 이를 좀 더 늦추고 줄이 너무 느슨하면 이를 좀 더 탱탱하게 들어 올리는 것과 같이, 남는 것은 이를 덜어내고 부족한 것은 이를 보충하는 것과 같다.

故天之道, (損)有〈餘而益不足. 人之道則〉不然, (損)〈不足而〉奉有餘.

〈故天之道〉, 云有余而益不足. 人之道, 云不足而奉又余.

그러므로 천도天道는 남는 것을 덜어서 부족한 것을 보태나, 인도人道는 부족한 것을 덜어서 남는 것을 받든다.

孰能有餘而有以取奉於天乎? 〈唯有道者乎〉.

夫孰能又余而〈有以取〉奉於天乎? 唯又道者乎.

누가 능히 남음으로써 하늘을 받들겠는가? 오직 도가 있는 사람일 것이다.

〈是以聖人爲而弗有, 成功而弗居也, 若此其不欲〉見賢也.

是以取人爲而弗又, 成功而弗居也, 若此其不欲見賢也.

그리하여 성인은 행위 하더라도 소유하지 않고 성공하더라도

거처하지 않는 것이니 만약 그것이 이와 같다면 현인을 보고
자 하지 않을 것이다.

王本 ►►

天之道, 其猶張弓歟!

高者抑之, 下者擧之; 有余者損之, 不足者補之.

天之道, 損有余而補不足, 人之道則不然, 損不足以奉
有余.

孰能有余以奉天下? 唯有道者.

是以聖人爲而不恃, 功成而不処, 其不欲見賢.

訳文 ══════════════════════════════════════

천도는 마치 활시위를 고정시키는 것과 같은 모양이니 줄이
너무 탱탱하면 이를 느슨하게 하고, 너무 느슨하면 줄을 탱탱
하게 하며, 긴 것은 이를 자르고 짧은 것은 이를 보태는 것처
럼, 까닭에 천도는 남는 것은 덜어서 부족한 것은 보충하는
것이나 인도는 곧 이와 같은 모양이 아니라 부족을 덜어서 남
는 것을 받드는 것이니 누가 남는 것을 달성할 수가 있어서
천하를 위해 바치겠는가? 다만 도가 있는 사람의 재능만이 이
와 같은 것이다. 그러므로 성인이 행위하나 자기가 소유하여
점유하지 않고 성취하나 자기의 공으로 삼지 않으니, 마치 이
것은 모두 자기의 고상한 품덕을 뽐내지 않는 것과 같은 것이
다.

바른 말은 거스르는 것과 같다

　천하에는 물보다 유약한 것이 없다. 그러나 매우 강한 것이 공격
하더라도 이길 수가 없고 그로써 물을 변화할 수도 없다. 물이 굳센
것을 이기는 것처럼 약한 것이 강한 것을 이기고 천하의 모르는 것
이 없으면서도 행하지 않는다. 그러므로 성인이 말하기를, "나라의
욕됨을 계승하는 이것을 사직의 주인이라 하고 나라의 상서롭지 못
함을 계승하는 이것을 천하의 왕이라 한다."라고 하였다. 바른 말은
거스르는 것과 같다.

甲本 乙本 ▶▶▶▶▶▶▶▶▶▶▶▶▶▶▶▶▶▶▶▶▶▶▶▶▶▶▶▶▶▶▶▶▶

天下莫柔〈弱於水，而攻〉堅强者莫之能〈勝〉也，以其无
〈以〉易〈之也〉.

天下莫柔弱於水，〈而攻堅强者莫之能勝〉，以其无以易
之也.

천하에는 물보다 유약한 것이 없다. 그러나 매우 강한 것이
공격하더라도 이길 수가 없고 그로써 물을 변화할 수도 없다.

〈柔之勝剛，弱之〉勝强，天〈下莫弗知也，而莫之能〉行也.

水之朕剛也，弱之朕强也，天〈下莫弗知也，而莫能行〉也.

물이 굳센 것을 이기는 것처럼 약한 것이 강한 것을 이기고
천하의 모르는 것이 없으면서도 행하지 않는다.

故聖人之言云，曰: 受邦之詢，是胃社稷之主；受邦之
不祥，是胃天下之王. 正言若反.

故取人之言云，曰: 受國之詢，是胃社稷之主；受國之不
祥，是胃天下之王. 正言若反.

그러므로 성인이 말하기를, "나라의 욕됨을 계승하는 이것을
사직의 주인이라고 하고, 나라의 상서롭지 못함을 계승하는
이것을 천하의 왕이라 한다."라고 하였다. 바른 말은 거스르
는 것과 같다.

王本 ▶▶

天下莫柔弱於水，而攻堅强者莫之能勝，其無以易之.

弱之勝强，柔之勝剛，天下莫不知，莫能行.

是以聖人云: 受国之垢, 是謂社稷主; 受国不祥, 是為天下王. 正言若反.

==

천하에서 물보다 약한 것이 없으나 강한 것을 이기며, 그것을 이기는 것이 없으므로 그로 하여금 그 영원성을 개변할 수 있는 어떤 것도 없는 것이다.

유柔가 강剛을 이기고 약弱이 강强을 이기니 천하는 사람이 이해할 수 없었으며 또 이 도를 제쳐놓고 말할 필요도 없이 행동하였다.

그러므로 성인의 이와 같은 설법이 있으니 "천하의 대욕大辱을 감당할 수 있으면 바로 사직의 주인이 될 수 있고 천하의 화환을 감당할 수 있으면 바로 천하의 왕이 될 수 있다."라고 하였다. 이것은 '마치 정확한 말은 오히려 반어反語와 같다'라는 것이다.

註·解

詢: 垢의 가차자.

受: 계승하다.

社稷: 토지의 主神과 五穀의 神. 옛날에 천자와 제후는 반드시 사직단을 세우고 제사를 지내어 국가와 존망을 같이 하였으므로, 전하여 국가라는 뜻으로도 쓰임.

덕은
상성上善을 펼쳐서
백성을 교화하는 것이다

큰 원한은 화해한다 하더라도 반드시 남는 원한이 있는 것이니 어찌 착함을 행할 수 있겠는가? 그리하여 성인은 높은 도를 펼쳐서 사람들을 교화하는 것이다. 그러므로 덕이 있는 사람은 착함을 주관하고 덕이 없는 사람은 착취를 주관하는 것이다. 대개 천도는 친하지 않더라도 항상 착한 사람과 함께 한다.

和大怨, 必有餘怨, 焉可以爲善?

禾大〈怨, 必有餘怨, 焉可以〉爲善?

큰 원한은 화해한다 하더라도 반드시 남는 원한이 있는 것이니 어찌 착함을 행할 수가 있겠는가?

是以聖右介, 而不以責於人.

是以聖執左芥, 而不以責於人.

그리하여 성인은 높은 도(上善)를 펼쳐서 사람들을 교화하는 것이다.

故有德司介, 无德司徹. 夫天道无親, 恒與善人.

故又德司芥, 无德司(徹).〈夫天道无親, 恒與善人〉.

그러므로 유덕한 사람은 착함을 주관하고 무덕한 사람은 착취를 주관하는 것이다.

대개 천도天道는 친하지 않다 하더라도 항상 선인善人과 함께 한다.　　　　　　　〈德偏 三千四十一字3041자〉

和大怨, 必有餘怨, 安可以爲善?

是以聖人執左契, 而不責於人.

有德司契, 無德司徹. 天道無親, 常与善人.

큰 원한은 화해하더라도 반드시 여분의 한을 남기니 설사 덕
으로써 한을 풀더라도 또 어찌 너와 더불어 화해하여 한 점
응어리를 없게 할 수 있겠는가?

그러므로 성인은 착함으로써 사람을 교화하는 것이다.

유덕한 사람은 착함으로써 행사行事하고 무덕한 사람은 살벌
함으로써 행사하니 설령 천도가 친함과 소원함을 분별하지 않
더라도 단 그는 오히려 늘 좋은 사람을 상조相助하는 것이다.

註·解

焉:	安과 통용함.
介:	價(說文에 善이라 함)를 가차함.
右:	上(禮記).
責:	꾸짖을 책.
徹:	통할 철. 剝取.

帛書老子校釋(戴維).

帛書老子釋析(尹振環).

老子新譯(任繼愈).

老子新編校釋(王堉).

韓非子.

莊子.

郭店楚簡硏究(요령교육출판).

帛書老子校注(高明).

老子道德經河上公章句(中華書局).

道德經(王必).

道德經探玄(培眞).

마왕퇴의 귀부인(岳南).

중국철학대강(張岱年).

중국사.

한어대사전.

한어대자전 등.

역촌 도덕경

2004년 4월 17일 인쇄
2004년 4월 23일 발행

주 해 | 이천교
펴낸이 | 김종호
펴낸곳 | 도서출판 **지 샘**

서울특별시 성동구 성수2가3동 279-39호
전화 | 02-461-5858
팩스 | 02-461-4700
등록번호 | 제1-339호

ISBN 89-88462-61-0

* 값은 표지에 표기되어 있습니다.